STEPHEN ARROYO
HANDBUCH DER HOROSKOP-DEUTUNG

Stephen Arroyo

HANDBUCH DER HOROSKOP-DEUTUNG

Richtlinien zur Interpretation des Geburtshoroskops

Hier & Jetzt

Deutsche Erstveröffentlichung
Verlag Hier & Jetzt
Hamburg 1991

Die Originalausgabe erschien 1989 bei
CRCS Publications, P.O. Box 1460
Sebastopol, CA 955473, USA

VERLAG HIER & JETZT, HAMBURG

Lizenzausgabe mit freundlicher Genehmigung der
Rowohlt Taschenbuch VerlagsGmbH,
Reinbek bei Hamburg

Übersetzung: Renate Vincenz, Norderstedt
Lektorat: Rolf Schanzenbach, Hamburg
Herausgeber: Wolfgang Bartolain, Hamburg
Satz: Verlag Hier & Jetzt, Hamburg
Umschlag: Uli Breyer, Hamburg

ISBN 3-926925-08-6

Inhalt

Danksagung

Ich bin insbesondere Jerilynn Marshall für die viele Arbeit, die sie für dieses Buch freundlicherweise erbracht hat, zu Dank verpflichtet. Ohne ihre engagierte Mithilfe und ihr ungemein subtiles Sprachgefühl, das mir oft den richtigen Ausdruck finden half, sowie ihre Aufmunterung über ein ganzes Jahr hinweg hätte dieses Buch nicht entstehen können. Ihre innovative Unterstützung ging weit über das hinaus, was üblicherweise mit dem Begriff «Lektorin» verbunden ist. Ich bin für ihre unschätzbare Hilfe an diesem Projekt sehr dankbar.

Ich weiß auch das Verständnis und die Vorschläge zu schätzen, die meine langjährige Herausgeberin und Freundin, Barbara McEnery, gemacht hat. Für mehr als ein Jahrzehnt hat sie mir geholfen, vielen meiner Schriften die richtige Form zu geben. Ihre Intuition, ihr großes astrologisches Wissen und ihr feines Urteilsvermögen haben viel zur Qualität auch dieses Buches beigetragen.

Schließlich möchte ich all den Menschen danken, die mich ermutigt haben, mich wieder dem Schreiben zu widmen, sowie all jenen, die mir im Hinblick auf die Gestaltung und den Inhalt dieses Buches kritische und/oder unterstützende Vorschläge machten. Mein besonderer Dank geht an Julie, Tony und Mike.

Für Kathy, Julie, Opa, Nathan und Kimberly, die es mir ermöglicht haben, mich von den täglichen Pflichten loszumachen und mich wieder auf das Schreiben zu konzentrieren.

EINLEITUNG

Wir erweisen den Dingen Respekt, die der Mensch gemacht hat, doch wir zeigen wenig Anerkennung für das, was Gott selbst schuf.

Eine Ewige Wahrheit
von *Meister Charan Singh*

Seit dem Erscheinen meiner ersten astrologischen Bücher habe ich viele Briefe aus aller Welt sowohl von praktizierenden Astrologen und fortgeschrittenen Studierenden als auch von Laien, die Astrologie zur Selbsterkenntnis anwenden, erhalten. In diesen Briefen teilte man mir mit, wie die Bücher benutzt werden: Viele Leser unterstreichen bestimmte Abschnitte oder schreiben Anmerkungen dazu; andere verteilen Fotokopien an Studenten, Klienten oder Freunde. Wieder andere schrieben, wie nützlich ein Index oder eine genauere Erklärung der grundlegenden Prinzipien der Interpretation wäre. Bis zu diesem Zeitpunkt fand ich es nicht notwendig, *zusätzliches* Material anzubieten; ich empfand es als meine vordringlichste Aufgabe, so deutlich wie möglich den fundamentalen Ansatz und die grundsätzlichen Prinzipien darzulegen, die ich als zutreffend und praktikabel erkannt hatte. Diese klare Darstellung war meiner Ansicht nach unbedingt notwendig, um eine wahrhaft astrologische Psychologie (oder kosmische Psychologie) zu begründen.

Ich fand es immer wichtig, daß der sich mit der astrologischen Materie Beschäftigende selbständig zu denken lernt. Das astrologische *Denken* besteht nicht darin, blindlings irgendwelchen starren überlieferten Deutungsregeln zu folgen oder sich auf die schablonenhaften «Interpretationen» zu verlassen, die man in so vielen astrologischen «Rezeptbüchern» finden kann. Ich halte es für wichtig, daß die Studierenden die Anstrengung auf sich nehmen, jene *Richtlinien* und geprüften Prinzipien, die ich für besondere Fälle und Umstände geboten habe, kritisch zu überdenken; darüber hinaus dachte ich, daß die schnell zu erreichende beträchtliche Genauigkeit die Studenten freudig überraschen und zu Verständnis und Kompetenz verhelfen würde. Meine Bücher enthalten viele *Richtlinien* zur Interpretation sowie Beispiele und Fallgeschichten – im Gegensatz zu den meisten Astrologiebüchern, deren Mangel an praktischen Beispielen den intelligenten Astrologiestudenten ständig frustriert.

Inzwischen bin ich jedoch zu der Auffassung gekommen, daß die Weiterentwicklung der fundamentalen Prinzipien, die meinen Büchern zugrunde liegen, einschließlich detaillierter Anleitungen zur Interpretation, tatsächlich sinnvoll ist. Es fehlt – sowohl für den Laien als auch für den erfahrenen Praktiker – in der astrologischen Literatur an einer klaren, prägnanten und leicht zugänglichen Zusammenstellung von Interpretations-*Richtlinien*. Dieses Buch soll ein leicht verständliches Handbuch sein, das der Komplexität der astrologischen Grundfaktoren gerecht wird. Es beschränkt sich aber nicht auf die Grundlagen und die verschiedenen Details der Horoskop-Interpretation, welche sich bereits in meinen anderen Büchern finden. Ich versuche hier, Menschen zum astrologischen *Denken* hinzuführen (was ein reines Stichwortverzeichnis nicht zu leisten imstande ist). Ich habe mich auf die wichtigsten Faktoren der Horoskop-Interpretation konzentriert und all die Nebensächlichkeiten weggelassen, die den Studierenden am Anfang so verwirren und oftmals auch den erfahrenen Praktiker ablenken. Weiterhin ist anzumerken, daß hier nur das Geburtshoroskop das Thema ist – zu den Transiten und Progressionen werde ich in einem anderen Band Stellung nehmen.

Dieses Handbuch ist in vielerlei Hinsicht eine Fortsetzung und Weiterentwicklung des Materials meiner beiden ersten – weltweit populären – Bücher *»Astrologie, Psychologie und die* *vier Elemente«* und *»Astrologie, Karma und Transformation«*. Ich bin den Lesern und Lehrern, die meine Bücher immer wieder verwenden und empfehlen, zu Dank verpflichtet, und ich bin dankbar für ihre Unterstützung. Das vorliegende Buch geht dort weiter, wo meine früheren Bücher aufgehört haben – indem es aufzeigt, wie die grundlegenden *Schlüsselwörter* und *-konzepte* miteinander kombiniert werden. Doch es ist noch einmal darauf hinzuweisen, daß ich mich hier auf die Kernaussagen beschränke, welche dem Leser viele andere Bedeutungen und Einsichten enthüllen können.

Ich wollte für die astrologische Interpretation in diesem Buch eine möglichst präzise Sprache benutzen, aber auch den – allgemein anerkannten – ganzheitlichen, flexiblen und offenen Ansatz meiner früheren Arbeiten beibehalten. Das erste Wort des Untertitels, *«Richtlinien»,* bringt vielleicht schon das zentrale Konzept dieses Buches zum Ausdruck. Was vielen Astrologiebüchern fehlt, sind intelligente, sprachlich treffende und genaue *Richtlinien,* mit deren Hilfe die vielfältigen Faktoren und ihr Zusammenspiel im Horoskop interpretiert werden können. Es verwundert nicht, daß die sich in die astrologische Materie Einarbeitenden oft Frustrationen und Verwirrung erfahren und sich in Nebensächlichkeiten verlieren, von denen die meisten Lehrbücher durchzogen sind! Immer wieder höre ich von intelligenten Menschen, die Astrologie zur Selbsterkenntnis studieren wollen, daß sie einfach keine Beziehung zu den netten kleinen «Interpretationen» finden können, die auf sie zutreffen sollen. Natürlich stellen diese Menschen daraufhin die Astrologie in Frage. Sie verkennen dann, daß das jeweilige Buch eines der vielen ist, die nur vorgeben, astrologisches «Wissen» für die Allgemeinheit zusammenzustellen. Aus diesen Büchern spricht weder ein wirkliches Verständnis noch irgendeine tiefere Einsicht, mit der man sich identifizieren oder von der man einen Nutzen haben könnte.

Der moderne Trend, Qualität durch Quantität zu ersetzen, ist in den heutigen astrologischen «Rezeptbüchern» nur zu gebräuchlich. Diese unheilvolle Entwicklung wird in der «Computer-Astrologie» noch augenfälliger. Astrologische Computer-Programme finden heute immer weitere Verbreitung (weil sie jedem – sei er nun astrologisch qualifiziert oder nicht – die Möglichkeit bieten, noch schneller noch mehr Geld zu verdienen). Sie bringen eine Vielzahl oberflächlicher, unklarer und völlig nutzloser «Interpretationen» hervor. Bei dieser Art von automatisch produzierter astrologischer Wortfülle macht sich niemand die Mühe, die verwendeten Begriffe zu definieren oder präzise auf feinere Bedeutungen abzustimmen. Um die Astrologie wirklich zum Nutzen des Menschen anzuwenden, braucht man große Erfahrung und Respekt vor der Vielfalt des menschlichen Lebens – etwas, was diese verfälschte und verurteilenswerte Astrologie nicht besitzt.

Die präzise, einfache und doch tiefgründige Sprache in diesem Buch steht sicher im Gegensatz zum Großteil des heute produzierten astrologischen Materials, das sich in einer Fülle von Worten und/oder unbedeutenden astrologischen Einzelheiten verliert. Wenn die *Schlüssel-Konzepte* und *Richtlinien* dieses Buches gut gewählt wurden, werden sie zum Kern der Wahrheit und zu Einsichten leiten, mit denen sich die Menschen identifizieren und aus denen sie lernen können. Bis zu welchem Grad dies gelungen ist, wird der Leser zu entscheiden haben.

Von der Richtigkeit, sich auf das Wesentliche im Horoskop zu beschränken, bin ich aber schon jetzt aus den folgenden Gründen überzeugt:

1. Die wesentlichen Faktoren sind – wenn sie richtig verstanden werden – zuverlässig.
2. Die wesentlichen Faktoren eines Horoskops spiegeln sehr deutlich die wesentlichen Themen im Leben des betreffenden Menschen wider. Wenn man ein Horoskop erfolgreich deuten will, muß man sich auf die wesentlichen Lebensthemen einstimmen und diese verstehen und erklären können.

Die diversen, zumeist sehr komplexen astrologischen Faktoren und Methoden, die in Büchern, Vorträgen, Artikeln und Computer-Ausdrucken angepriesen werden, bringen nichts zum Vorschein, was nicht schon die traditionellen Faktoren und Methoden – sofern sie richtig verstanden werden – aufzeigen. Wie ich in astrologischen Vorträgen immer betone: Wenn sich Astrologen auf Bagatellen konzentrieren, führen sie unsere Wissenschaft in die Trivialität; sie tragen dann selbst dazu bei, daß ihr gesellschaftliches Ansehen noch weiter herabsinkt.

Ich möchte mit einem Auszug aus einem meiner Vorträge erläutern, warum dieses Buch sich auf die wesentlichen Faktoren der Interpretation beschränkt:

> *Wenn wir das Horoskop überfrachten, können wir die wichtigen Themen von den Details schwer unterscheiden; wir erkennen dann nicht, was die wichtigsten Themen im Leben eines Menschen sind und können diese nicht auf synthetische Weise betrachten. Man kann – je mehr Punkte, Methoden und unbedeutende «Planeten» man in Anwendung bringt – mit Hilfe des Horoskops beinahe alles rationalisieren; ich bin aber der Ansicht, daß man sich auf einige wenige, wesentliche Faktoren beschränken sollte, um den Klienten und seine Situation klar zu erkennen und immer eine Ordnung aufzuzeigen; ansonsten stürzt man ihn in Konfusion.*
>
> *Die Situation gleicht der Flugüberwachung auf einem Flughafen: Tauchen auf dem Radarschirm zu viele Objekte auf, fällt es schwer zu unterscheiden, was nur eine Störung ist und welches der Flugzeuge als nächstes landen wird. Ganz ähnlich ist es für die Astrologen, wenn sie zu viele Faktoren am Himmel benutzen: Es wird immer schwerer, zwischen den bedeutsamen und den unwichtigen zu unterscheiden. Es besteht dann die Gefahr, daß sie dem Klienten nicht Klarheit, sondern ungenaue Beobachtungen, falsche Vorstellungen und Verwirrung vermitteln. Die Menschen suchen keinen Astrologen auf, um verwirrt zu werden oder eine Million unbedeutende Details und Spekulationen zu erhalten; sie kommen, um Klarheit und eine*

Lebensrichtung zu finden. Und wenn sie konkrete Prophezeiungen verlangen, ist das eben ihre Art, um Klarheit zu bitten.

Ich erwähnte bereits, welch große Rolle die richtige Wahl der *Schlüsselwörter* und der *Interpretations-Richtlinien* in diesem Buch spielt. Ich sollte vielleicht kurz erklären, warum die Genauigkeit der Sprache so entscheidend ist. Seit 1967 bemühe ich mich in besonderem Maße um eine präzise und verläßliche Ausdrucksweise. Ich fand die astrologischen Kategorien von schwarz/weiß, gut/böse, glücklich/unglücklich der alten Schule weder zuverlässig noch verständnisfördernd. Wie es der Harvard-Historiker Dr. John King Fairbank ausdrückte: »Es ist nicht möglich, kritisch zu denken, ohne den Denkkategorien gegenüber kritisch zu sein.« Zu jener Zeit aber konnte ich nicht bemerken, daß die fundamentalen astrologischen Kategorien und Konzepte von den Astrologen kritisch analysiert oder in Frage gestellt worden wären (dies galt zumindest solange, bis ich Dane Rudhyars bahnbrechende Arbeit kennenlernte).

Mit dem sich abzeichnenden neuen Selbstverständnis der Astrologie kam ich – nach vielen Gesprächen mit Menschen über sich selbst und ihre Horoskope – zu dem Schluß, daß deren größte Stärke in der Beschreibung des inneren Wesens des Menschen liegt. Die Astrologie bringt die ursprünglichen Motivationen und Bedürfnisse der Persönlichkeit sowie die Qualität des persönlichen Bewußtseins und die innere Situation zu jeder bestimmten Zeit zum Ausdruck – sie beschreibt die innere Dynamik des gesamten physischen und psychischen Energiefeldes eines Menschen. Nach jahrelangem Forschen, dem Studium zahlreicher Bücher aus den verschiedensten Wissensgebieten und Tausenden von Beratungsstunden wurde mir deutlich, daß die Astrologie im Wesentlichen eine Sprache der Erfahrung und – was mich insbesondere meine intensive Beschäftigung mit der Heilkunst erkennen ließ – der Energie ist. Ich gelangte zu dem Schluß, daß man sich für eine präzise und wirklich *wissenschaftliche* Astrologie an die inneren Dimensionen des menschlichen Lebens halten muß.

Tatsächlich symbolisiert die astrologische Konfiguration eher (und genauer) die innere Situation als die äußeren Umstände. Wenn sich das innere Wesen in der Außenwelt manifestiert, zersplittert es in viele Facetten; diese Vielheit ist natürlich schwieriger aus dem Horoskop abzuleiten. Insofern führt die Betonung der äußeren Ereignisse und Umstände – wie sie von vielen Astrologen praktiziert wird – zu einem Ratespiel, das selten erfolgreich ist. Nachdem ich die Wichtigkeit der inneren Dimensionen entdeckt hatte, um die charakteristischen Merkmale einer bestimmten planetarischen Position oder Konfiguration zu ergründen, mußte ich noch bezüglich des verbalen Ausdrucks experimentieren, um die Sprache zu finden, die am genauesten und am erfolgreichsten dem Klienten die subtilen Wahrheiten vermitteln konnte. Sowohl meine ersten drei Bücher als auch das vorliegende Werk sind das Ergebnis dieses Strebens. Ich hoffe, daß der Leser dieses Buches dieses Streben erkennt, sich Zeit läßt, mit ihm vertraut zu werden und dann schließlich entscheidet, welche Teile für ihn am nützlichsten sind.

Astrologie ist – wie ich bereits erwähnte und was auch in meinem ersten Buch *»Astrologie, Psychologie und die vier Elemente«* zum Ausdruck kommt – zunächst eine Sprache der Energie. Ich kenne keine andere Sprache (oder auch Wissenschaft), die so wie diese an der Energie orientiert und die so anschaulich, präzise und nutzbringend ist. Wie könnte zum Beispiel die Ur-Spannung und die grundlegende Kraft des Menschen sowie seine allgemeine Einstellung gegenüber den Lebenszwängen prägnanter symbolisiert werden als durch das astrologische Symbol der Sonne? Wie könnte man so exakt den Fluß der Energie im Menschen benennen, wie es die Astrologie mit dem Begriff «Mond» vermag? Wie könnte man die energetische Leitfähigkeit beziehungsweise den Widerstand (wie die Lebenskraft durch den Menschen hindurch in die Welt strömt) in ein treffenderes Symbol als den Aszendenten kleiden? Diese Analogien zur Elektrizität, entwickelt von

Dr. William Davidson, sind nur ein kleines Beispiel für die unermeßlich ausdrucksvolle Energie-Sprache der Astrologie.

Der Energie-Ansatz in der Astrologie sowie die damit verbundene Betonung der vier Elemente führt zu den folgenden – auch diesem Buch zugrunde liegenden – Definitionen (von welchen ich seit Jahren ausgehe und die ich für außerordentlich genau halte). Diese Definitionen gehen auch aus von der Astrologie als einer *Sprache der persönlichen Erfahrung,* womit sie im Gegensatz zur alten Schule stehen, die aus jedem astrologischen Faktor äußere Ereignisse abzuleiten versuchte.

Die **Elemente** sind die Energie-Substanz der Erfahrung.

Die **Zeichen** sind die ursprünglichen Energiemuster; sie zeigen die besondere Qualität der Erfahrungen an.

Die **Planeten** symbolisieren den Energiefluß und verkörpern die Dimensionen der Erfahrung.

Die **Häuser** repräsentieren die Erfahrungsbereiche, in denen die jeweiligen Energien am leichtesten zum Ausdruck kommen und erlebt werden.

Die **Aspekte** enthüllen die Dynamik und die Intensität der Erfahrung sowie die Wechselwirkung der Energien innerhalb des Individuums.

So, wie diese fünf Faktoren hier definiert und verstanden werden, bilden sie eine ungemein komplexe, anspruchsvolle und differenzierte kosmische Psychologie. Jeder Versuch, eine verläßliche astrologische *Wissenschaft* (oder astrologische Psychologie) zu formulieren, muß die Energie-Dimensionen des Lebens in Betracht ziehen, die von der Astrologie so anschaulich dargestellt und erklärt werden. Praktiker aus vielen Bereichen der Heilkunst denken und arbeiten in Begriffen von «Energie»; viele von ihnen benutzen oder erforschen die Astrologie als eine exakte Sprache der Energie. Das kann auch die Astrologen erkennen lassen, was der Astrologie zugrunde liegt: daß sie die Dimensionen der Energie zum Inhalt hat.

Bedauerlicherweise machen viele Menschen, die heute aktiv Astrologie betreiben – sowohl Forscher als auch Praktiker –, denselben Fehler wie die materialistischen Wissenschaftler und die meisten Mediziner unserer Tage: Sie schweifen zu Details und haarspalterischen Analysen ab und verlieren das große Ganze aus den Augen. Wenn man in technische Details abgleitet, geraten die großen ganzheitlichen Wahrheiten der Astrologie leicht ins Vergessen. Zu diesen großen Wahrheiten gehört erstens, daß Energie der grundlegende Faktor ist, der von der Astrologie analysiert wird, und zweitens, daß die überlieferten vier Elemente ein übergeordnetes System bedeuten, das von den meisten Astrologen noch immer nicht klar erkannt oder sogar ignoriert wird. Doch die Energien, die von den vier Elementen repräsentiert und von der Astrologie analysiert werden, sind letzten Endes die fundamentalen Realitäten des Lebens. Im Energie-Ansatz stellen die Elemente die aktiven Prinzipien dar, während die Planeten zeigen, *wie* diese Energien aktiviert und reguliert werden. Ein Blick auf die energetischen Grundlagen kann zu einer realistischeren, genaueren und nutzbringenderen Verbindung zu den großen dynamischen Wahrheiten führen, welche die Astrologie uns bietet. Manchmal klammern sich Astrologen förmlich an das Geburtshoroskop, statt es zu verwenden, zur Seite zu legen und dann mutig mit gesteigertem Verständnis zu leben. Astrologie muß keine Religion oder das höchste Ziel unseres Strebens sein. Sie hat größeren Wert, wenn wir sie als Ausgangsbasis zu umfassenderem Verständnis und einem höheren Ziel verwenden.

KAPITEL 1

ASTROLOGIE AM SCHEIDEWEG

Der große Unterschied zwischen der Astrologie und anderen Wissenschaften besteht darin, daß die Astrologie sich nicht mit Fakten, sondern mit den tiefer liegenden Dingen beschäftigt. Im Gegensatz zu den Wissenschaftlern, die auf festem Boden zu stehen vorgeben, geht die Astrologie vom Unwägbaren aus.

Henry Miller

Insbesondere zum Nutzen der sich neu in die astrologische Materie Einarbeitenden scheint es ratsam, kurz einige entscheidende Fragen zu erörtern, die mit dem Studium und der Anwendung von Astrologie in der heutigen Zeit in Beziehung stehen. Bei der Darlegung der Kraft und der Tiefe der astrologischen Wissenschaft müssen auch bestimmte philosophische, wissenschaftliche und technische Angelegenheiten erörtert werden, die in direktem Bezug zu dem Versuch stehen, in der heutigen westlichen Gesellschaft Astrologie zu betreiben. Ich kann allerdings in diesem Handbuch diese Themen nicht tiefgründig behandeln – ich habe dies bereits in *»Astrologische Psychologie in der Praxis«* und (gemeinsam mit Liz Greene) in *»Saturn und Jupiter. Neue Aspekte astrologischer Praxis«* getan. Die folgenden Gedanken können also nur als eine Einführung zu verschiedenen komplexen Themen angesehen werden, die mitunter kontrovers diskutiert werden.

Astrologie ist in vielerlei Hinsicht ein einzigartiges Fachgebiet, dessen vielfältige Anwendungsgebiete und Erkenntnisse sich deutlich von den herrschenden Trends unseres materialistischen Zeitalters abheben. Astrologie umfaßt sowohl Wissenschaft als auch Kunst, sowohl Wissen als auch Weisheit, sowohl das innere als auch das äußere Leben. Sie basiert auf der Wechselbeziehung zwischen Kosmos und Individuum beziehungsweise der alten Lehre der Einheit von Makrokosmos und Mikrokosmos (die häufig in dem Axiom «wie oben, so unten» ausgedrückt wird). Diese ganzheitliche Denkweise klingt für die meisten Menschen unserer Tage bestenfalls poetisch und verschroben; schlimmstenfalls mutet sie lächerlich, naiv und abergläubisch an. Das in der westlichen Welt verbreitete Vorurteil gegen die Astrologie ist jedoch nur ein weiteres Beispiel des heutzutage herrschenden gedankenlosen und unwissenschaftlichen Skeptizismus, der die Wirklichkeit von Geist und Seele – den beiden machtvollsten Grundlagen der menschlichen Erfahrung – in Frage stellt.

Diese skeptische beziehungsweise feindliche Haltung der Astrologie gegenüber ist nur ein etwas stärkerer Ausdruck der Voreingenommenheit, mit der die materialistische Wissenschaft und ihre kurzsichtigen Befürworter und Anbeter vielen Zweigen der spirituellen Tradition, der Heilkunst, der älteren Formen von Psychologie und Lebensführung sowie der Philosophie begegnen. Unglücklicherweise herrscht diese fantasielose und engstirnige Annäherung an das menschliche Potential und die menschliche Geistesgeschichte seit einiger Zeit in der westlichen Gesellschaft vor – auch in der akademischen Welt, welche die ethische Verpflichtung zur Erhaltung und Erforschung intellektueller und kultureller Traditionen hat und geistige Offenheit bei der Suche nach der Wahrheit beweisen muß. Einige wenige Menschen sprechen sich gegen diesen Trend der Ignoranz aus, wie zum Beispiel der Präsident der Yeshiva-Universität, Norman Lamm, der 1987 anläßlich der Feier zu deren 100jährigem Bestehen folgendes von sich gab:

> *Wir müssen die Existenz und den Wert des Geistes wieder geltend machen... Unsere Gesellschaft (muß) lernen, daß es eine größere Weisheit gibt, die unserer demütigen Erforschung harrt, und daß der Mensch sowohl in spiritueller als auch in biochemischer, psychologischer, politischer, sozialer, legaler und wirtschaftlicher Hinsicht ein Tier ist.*
>
> *Offenheit der Spiritualität gegenüber ... bedeutet: daß die weitverbreiteten Dogmen des wissenschaftlichen Materialismus und des philosophischen Skeptizismus nicht die einzigen Gesichtspunkte sind, die der Aufmerksamkeit der Gelehrten wert sind; daß der Glaube an die Realität des Geistes und an die Existenz der Seele einen Menschen nicht als intellektuell minderwertig und unwissenschaftlich stempelt; ... daß Wissen zu Weisheit heranreifen sollte.*

Die engstirnige Haltung, die von der materialistischen Wissenschaft – mit ihrer Ausrichtung auf die Manipulation der Natur – gepflegt wird, hat viele negative gesellschaftliche Konsequenzen gehabt und die erst jetzt in unser Bewußtsein dringende weltweite ökologische Katastrophe geschaffen. Die orthodoxe Wissenschaft nutzt nur einen kleinen Teil unseres Denkvermögens. Mit der Unterstellung, daß nur die materialistische Wissenschaft zu zuverlässigen Erkenntnissen führe und nur das wissenschaftlich Bewiesene als wahr gelten könne, hat die westliche Welt die vielfältigen Bereiche der menschlichen Existenz ausgegrenzt, die dem wissenschaftlich-analytischen Geist nicht zugänglich sind. Jene Menschen, die den Wert der Astrologie erfahren haben, sollten deshalb nicht bei der orthodoxen Wissenschaft nach Beweisen und Anerkennung – die ohnehin nicht zu erwarten sind – suchen, sondern ihre Energie einsetzen für eine klare und verläßliche Astrologie, indem sie aufzeigen, worin ihre Stärken und ihre Grenzen bestehen.

Das Studium der Geschichte von Naturwissenschaft, Medizin, Militärwesen, Politik und vielen anderen Gebiete beweist, daß fast jede neue Erkenntnis auf fanatischen und zum Teil gewaltsamen Widerstand gestoßen ist. Den Physiker Max Planck brachte der Widerstand gegen seine Ideen zu der Bemerkung, daß »eine neue wissenschaftliche Wahrheit sich nicht in der Weise durchzusetzen pflegt, daß ihre Gegner überzeugt werden und sich als belehrt erklären, sondern vielmehr dadurch, daß die Gegner allmählich aussterben und daß die heranwachsende Generation von vornherein mit der Wahrheit vertraut gemacht ist.«[1] Ich möchte an dieser Stelle auch daran erinnern, was der einzelgängerische Philosoph, Dichter und Künstler William Blake schrieb: »Ein Narr ist, wer prüfen will, was er nicht begreift; ein Dummkopf, wer diesen zu belehren versucht.« [2]

Der Leser fragt sich vielleicht, wo hier der Zusammenhang zur Astrologie besteht, die ja sicherlich keine neue Idee ist. Letzteres trifft natürlich zu; neu ist aber, daß Astrologie als eine *moderne* Form der Lebensführung und als tiefgründiges und ungemein hilfreiches Werkzeug der helfenden Berufe eingesetzt werden kann. Der neuformulierte psychologische Ansatz der modernen Astrologie, wie er sich in den letzten 50 Jahren entwickelt hat, stellt eine neue Idee dar. Er entstand als Reaktion auf die Bedürfnisse der westlichen Gesellschaft und kann für die Naturwissenschaft, die Psychologie, die Heilkunst und viele andere Bereiche einen wichtigen Beitrag leisten. Ein häufig zitierter Ausspruch C. G. Jungs besagt, daß die Astrologie das psychologische Wissen der Antike beinhaltet. Diese antike Weisheit beziehungsweise dieses Mysterium des menschlichen Lebens ist nun im Lichte moderner Psychologie und anderer Wissensbereiche von neuem studiert und von einigen Pionieren mittels einer modernen Sprache und vieler neuer Anwendungsgebiete entscheidend umgestaltet worden.

Die Astrologie sieht sich jetzt am Scheideweg. Wenn sie sich auf intelligente Weise mit einer *modernen* Sprache weiterentwickelt, kann sie in unserer Gesellschaft einen bedeutsameren Platz einnehmen. Es besteht aber auch die Möglichkeit, daß sie zu ihrem früheren Status der Wahrsagerei und der Taschenspielertricks zurückkehrt (wozu viele – sich hochtrabend «wissenschaftlich» oder wie auch immer nennende – Astrologen mit ihrer auf die Voraussage von Ereignissen gerichteten Arbeitsweise beitragen). Ob die Astrologie während der nächsten zwei Jahrzehnte ihre Chance wahrnimmt, wird mehr vom Handeln und der Kompetenz der praktizierenden Astrologen und Berater abhängen als von dem, was deren machtvolle Widersacher tun werden.

Es ist bekannt, daß nur sehr wenige der vehementen Kritiker sich auf ethisch oder wissenschaftlich integre Weise mit der Astrologie auseinandergesetzt haben; im allgemeinen wissen sie wenig von den Prinzipien und faktisch nichts von der Praxis der Astrologie. Wie laut oder dogmatisch sich die Kritiker auch zu Wort melden: Ihre Meinungen müssen hinsichtlich einer Beurteilung durch die Wissenschaft – die sie zu repräsentieren behaupten – als wertlos betrachtet werden. Die überlieferte westliche Astrologie macht bezüglich der zu erwartenden Bedeutung spezieller astrologischer Stellungen, Zyklen und Konfigurationen bestimmte, eindeutige Aussagen. Viele, wenn nicht die meisten dieser Aussagen basieren auf über lange Zeit gewonnenen und immer wieder bestätigten Beobachtungen.

Vom orthodoxen wissenschaftlichen Standpunkt aus müßten nun ebensoviele Experimente zu gegensätzlichen Schlußfolgerungen führen, um zu beweisen, daß bestimmte astrologische Überlieferungen falsch sind.

Die grundsätzliche Frage ist: Sind die Aussagen der Astrologie gerechtfertigt? Wie können sie – ohne Experiment – überprüft werden? Und wie sähe letztlich ein geeignetes Experiment für astrologische Prinzipien aus? Ich bin zu dem Schluß gekommen, daß nur die praktische Erfahrung einen den Erfordernissen angepaßten Beweis darstellt; wollte man mit Experimenten den Wert und die Gültigkeit der Astrologie für die Beratung oder die psychotherapeutische Anwendung zeigen, müßte man Menschen einer klinischen Situation aussetzen.

Insbesondere ein Einwand ist häufig zu hören von «Wissenschaftlern», die es auch nicht im entferntesten für möglich halten, daß die Astrologie irgendeine Berechtigung haben könnte. Dieser besteht in dem Vorwurf, daß in der Astrologie kein gesetzmäßiger Ablauf beziehungsweise kein Mechanismus von «Ursache und Wirkung» nachzuweisen sei, durch den die Planeten irgendeinen «Einfluß» ausüben könnten. Abgesehen von der Frage, ob die Astrologie nur innerhalb eines begrenzten kausalen Rahmens betrachtet werden soll, ist die beste Widerlegung dieses Vorwurfes die Feststellung, daß in der Geschichte der Wissenschaften »der Mechanismus das am schwersten zu Erklärende ist«, wie Dr. med. Jacob Zighelboim, außerordentlicher Professor an der medizinischen Fakultät der Universität von Kalifornien, in seinem Vortrag anläßlich der Konferenz »Homöopathie: Medizin für das 21. Jahrhundert« in San Mateo (29. April bis 1. Mai 1988) feststellte. Alle möglichen Techniken, Medikamente und wissenschaftlichen Prinzipien werden ständig in der ganzen Welt angewandt, ohne daß man wirklich weiß, auf welche Art und Weise sie wirken.

Im Bereich der Parapsychologie haben jahrzehntelange Forschungen unter den strengen Bedingungen der orthodoxen Wissenschaft den «Mechanismus» nicht zu erklären vermocht, der den verschiedenen Arten von psychischen Phänomenen zugrunde liegt. Diese Erfahrung der parapsychologischen Forschungen sollte man vielleicht als Hinweis ansehen, daß der orthodoxe experimentelle Ansatz ungeeignet ist für die Erforschung von Astrologie und anderen Phänomenen und Techniken, die in den tieferen Schichten des Denkens verwurzelt sind. Nur weil etwas nicht ohne weiteres zu messen ist, kann man es nicht als bedeutungslos oder nicht existent abtun.

Das Bollwerk der materialistischen Wissenschaft beruht – durch den Einsatz der modernen elektronischen Datenverarbeitung heute mehr denn je – auf Statistiken, Messungen und endlosen Analysen unbedeutender Details. Eine der führenden Kapazitäten der Welt für allergische Erkrankungen, Dr. med. Theron Randolph, schreibt: »Statistische Methodologie und der Einsatz von Computern und Datenverarbeitungssystemen fördern Analyse und Fragmentierung auf Kosten von Synthese und Ganzheit« *(»Bulletin of the Human Ecology Research Foundation«).* Dr. Randolph weist darauf hin, daß die Medizin und die ärztliche Diagnose immer analytischer geworden sind und die übergeordnete Lebenssituation des Menschen ausgeblendet wird. Man sollte dieser Warnung Aufmerksamkeit schenken: Auch in der Astrologie gibt es heute ähnliche Trends, die ebenfalls zu nur begrenzt aussagefähigen Resultaten führen.

Statistische Studien der Astrologie haben kaum sinnvolle Aussagen gebracht. Nur selten gab es positive Resultate – zum Beispiel bei den von Jeff Mayo durchgeführten Untersuchungen, in denen das Sonnenzeichen mit Extravertiertheit und Introvertiertheit in Beziehung gesetzt wird sowie bei den sich über zwei Jahrzehnte erstreckenden bekannten Studien von Gauquelin, die eindeutige Wechselbeziehungen zwischen bestimmten planetarischen Stellungen und verschiedenen Berufen aufzeigten. Doch im allgemeinen gilt: »Wenn du nicht weißt, *wo* du nach etwas suchen sollst, wirst du es wahrscheinlich auch nicht finden«. Darauf wird auch in dem 1987 erschienenen Buch *»The January Effect«* von Dow-Jones Irwin hingewiesen, das die üblichen Mißerfolge von statistischen

Untersuchungen auf bestimmte immer wiederkehrende Muster zurückführt. Ist es da ein Wunder, daß jene, die von der Kompliziertheit und Subtilität der Astrologie nichts wissen, mit dem statistischen Ansatz zu keinen aussagefähigen Resultaten kommen?

Und doch bringt der nur begrenzt zur Erforschung subtiler Phänomene geeignete statistische Ansatz eine Vielzahl von aussagekräftigen klinischen und experimentellen Beobachtungen hervor. Diese Beobachtungen werden oftmals (nicht nur in der Astrologie, sondern auch im Bereich der Naturheilweisen) als «anekdotisch» und «nicht zuverlässig» abgetan.

> *Die Kritiker der anekdotischen Information sehen das, was mit einer Ratte passiert, als wissenschaftlich an; was einem Menschen geschieht, ist nur anekdotisch. Wie kommt das? Eine Ratte kann dem Wissenschaftler oder dem Arzt nicht sagen, was sie fühlt. Nur ihr totes Körpergewebe kann Zeugnis ablegen, was mit ihr getan wurde. Beim Menschen ist die Realität das, was seinem Verstand, seinen Gefühlen und anderen Wahrnehmungsorganen widerfährt. Wenn das, was ein Mensch darüber berichtet, als anekdotisch angesehen wird, dann sollte diese Art des Nachweises akzeptiert werden... Eine gültige Information als «anekdotisch» zu verwerfen ist «unwissenschaftlich» (»Healthcare Rights Advocate«, 2. Auflage, Band 2).*

Der große astrologische Schriftsteller und Philosoph Dane Rudhyar hat die Gefahren für praktizierende Astrologen deutlich gemacht, die darin liegen, die gerade modernen «wissenschaftlichen» Methoden und Normen zu imitieren. Er schreibt in *»Astrologie und Psyche«:* [3]

> *Die heutigen Anstrengungen von Astrologen, die Astrologie mittels Statistik und anderer analytischer Methoden, die von unseren offiziellen «Wissensfabriken», den Universitäten, angebetet werden, auf ein akzeptables «wissenschaftliches» Niveau zu heben, tragen nicht viel Konstruktives*

zu den Problemen der astrologischen Berater/Klient-Situation bei. Sie bewirken lediglich, daß diese Beziehung an Effektivität verliert. Denn um tatsächlich wirkungsvoll zu sein, muß es sich um ein Verhältnis von Mensch zu Mensch handeln – und Wissenschaft befaßt sich nicht mit individuellen Fällen, sondern mit statistischen Mittelwerten. Wissenschaft setzt sich nicht mit menschlichen Werten auseinander – aber zum astrologischen Berater kommt ein Mensch und ersucht um Hilfe, selbst wenn er bewußt und vordergründig nur von Neugierde getrieben wird. Er sucht Hilfe im Hinblick auf seine einmalige individuelle Selbstheit, auch wenn das tatsächlich vorgebrachte Problem ganz allgemeiner Natur zu sein scheint; und in Anbetracht dieses Selbstes muß der Berater handeln. Denn wir alle finden unser eigenes Grundproblem in uns selbst; die Astrologie sollte uns helfen, diesem objektiv und ernsthaft zu begegnen, ohne Ausflüchte und ohne das unsichere Gefühl, das unser intellektuelles Ego verursachen kann.

Tatsächlich verkörpern die Philosophie und die ganzheitlichen Wahrheiten der Astrologie eine Weltanschauung, die der Weltsicht der materialistischen Wissenschaft völlig widerspricht. Jeder, der mit astrologischer Ausbildung und Forschung zu tun hat oder der zumindest Astrologie positiv gegenübersteht, sollte sich davor hüten, auf der illusorischen Suche nach Anerkennung den materialistischen Methoden nachzueifern. Es ist ungleich fruchtbarer, die einzigartigen Stärken der Astrologie herauszuarbeiten und ihre Prinzipien und Anwendungsmöglichkeiten näher zu bestimmen. Ein ausgesprochen pragmatischer Ansatz, dessen Ergebnisse im Leben und anhand der persönlichen Erfahrung des Menschen bewertet werden, ist der einzige Test, dem in der Heilkunst, den helfenden Berufen oder in psychologischen Theorien und Methoden überhaupt Bedeutung zukommt.

Die Zukunft der Astrologie als Wissenschaft und als Beruf

Ist die Astrologie eine Wissenschaft? Man kann diese Frage bejahen, weil ihr eine Reihe von Prinzipien und Gesetzen zugrunde liegen, welche durch Beobachtung gesammelt wurden; die Zuverlässigkeit vieler Prinzipien kann beobachtet und überprüft werden. Daß einige der vielen astrologischen Vorstellungen und Theorien gewisse Mängel aufweisen und einige völlig unzuverlässig sind, bedeutet nicht, daß man die ganze überlieferte Astrologie in Bausch und Bogen verdammen muß. Jede Wissenschaft befindet sich ständig in einem Wachstums- und Veränderungsprozeß; neue Hypothesen tauchen auf, werden verworfen oder überarbeitet oder in eine umfassendere Theorie eingebettet; so verhält es sich auch bei der Astrologie. Aber die fundamentalen astrologischen Prinzipien sind ziemlich verläßlich, wenn sie richtig verstanden werden.[4]

Ich bin der Ansicht, daß unsere heutige astrologische Psychologie – die dem Interessierten im übrigen nicht leicht zugänglich ist – den Grundstein bilden wird für eine Art kosmischer Psychologie. Das vorliegende Handbuch stellt den Versuch dar, einige der fundamentalen *Prinzipien* und *Richtlinien* dieser kosmisch-psychologischen Wissenschaft zu verkünden. Wenn die astrologischen Gegebenheiten mit einer modernen und genauen Sprache und mit wahrem Verständnis ihrer Bedeutung für die menschliche Psychologie interpretiert werden, können sie – weitaus besser, als die ständig wechselnden Theorien, Launen und Modeerscheinungen der orthodoxen Psychologie – individuelle Veranlagungen beschreiben und das Mysterium der «menschlichen Natur» erhellen.

In der zeitgenössischen Psychologie beruht vieles auf Vermutungen über die Triebe und Motivationen der Menschen; im allgemeinen macht sie für alles eine letztlich nicht analysierbare Mischung von hypothetischen «genetischen» und «umweltbedingten» Faktoren verantwortlich. Psychologische Theorien sind oftmals nur Projektionen des Standpunktes eines einzelnen Menschen, seiner Erfahrung und seiner Vorurteile. Die Astrologie malt das Bild der menschlichen Natur vor dem riesigen Hintergrund des Himmels mit vielen verschiedenen Farben. Sie bildet einen wesentlich größeren Bereich des menschlichen Potentials in viel größerer Klarheit ab. Da die Astrologie auf den Beobachtungen von Millionen von Menschen über lange Zeiträume hinweg basiert, erhebt sie zu Recht den Anspruch, im wahrsten Sinn des Wortes eine psychologische Wissenschaft zu sein – sofern die astrologischen Grundlagen richtig verstanden und angewandt werden. (Das richtige Verständnis setzt voraus, daß Schwachstellen der traditionellen Astrologie wahrgenommen und nicht abgestritten werden.)

Was die Psychologie braucht, ist ein übergeordneter kosmischer Rahmen, um mit den Energien und Kräften umzugehen, die auf das Kind des Kosmos – das der Mensch ist – einwirken. Die Astrologie beinhaltet dieses kosmische Bezugssystem. Sie verfügt damit über die einzigartige Fähigkeit, das Bewußtsein eines Menschen mit seiner ureigensten Natur in Einklang zu bringen und eine tiefe Selbsterkenntnis zu fördern. Ich kenne keine andere Technik oder Theorie, die die menschlichen Motivationen oder die Qualität des individuellen Bewußtseins und der persönlichen Erfahrungen so klar, einfach und genau erklärt. Die Astrologie braucht – wenn sie richtig angewendet wird – keine komplizierte Sprache oder Theorie; sie vermag klar und einfach darzulegen, wie kosmische Faktoren und Lebensenergien durch das Individuum und in ihm wirken.

Warum, fragt sich der Leser vielleicht, führt die Astrologie in unserer Gesellschaft ein Schattendasein, wenn sie doch diese tiefen psychologischen Einsichten zu vermitteln imstande ist? In unserer Gesellschaft genießt der Astrologe keinerlei Achtung – mehr noch: er wird lächerlich gemacht und verdient wenig Geld (abgesehen von einigen wenigen Medien-Astrologen, die aus Profitgier mit der Astrologie Effekthascherei betreiben).

Ich habe in meinem Buch »*Astrologische Psychologie in der Praxis*« diese Fragen ausführlich behandelt und empfehle es dem Leser zur weiteren Information. Ein dort noch nicht angeführter Gedanke soll jedoch hier Erwähnung finden, um die Diskussion zwischen den professionellen Astrologen und denjenigen, die sich für solche halten, zu beleben.

Neben dem Studium der Astrologie zur Selbsterkenntnis liegt für mich seit langem ihre größte Nutzanwendung (auch, was ihr Potential zur Heilung betrifft) in der Einzelberatung. Für mich gibt es keinen Zweifel daran, daß der Grad an Genauigkeit und Nützlichkeit astrologischer Information im Dialog viel höher ist als in einer «Deutung« in Anwesenheit oder Abwesenheit der betreffenden Person. Deshalb stellt sich für mich die Frage, ob in der Zukunft der Astrologie sich Berufsbezeichnungen wie «Astrologischer Berater» oder auch «Klinischer Astrologe» einbürgern könnten. Derartige Spezialisierungen setzen aber eine klare Vorstellung über den Zweck der Beratung, einen einheitlichen Standard und eine hohe praktische Qualität voraus. Diese neuen Berufsbilder würden sehr strenge Anforderungen und einen hohen Leistungsstandard erfordern. Bis es soweit ist, werden natürlich noch viele Jahre vergehen, da die Vorurteile des Establishments gegen die Astrologie sehr mächtig sind.

Damit sie wachsen und gedeihen kann, braucht die Astrologie intelligente und fähige Menschen, die – mit gesellschaftlicher Anerkennung und der Möglichkeit, ihren Lebensunterhalt zu verdienen – mit kompetenter Arbeit solide astrologische Dienstleistungen erbringen, die von der Öffentlichkeit – zu Recht – erwartet werden.

KAPITEL 2

WIE DIESES BUCH BENUTZT WERDEN SOLLTE

Studiere die folgenden Wörter, zweifle nicht. Aber schaue hinter sie, auf die Handlung, die sie anzeigen. Und hast du diese gefunden, dann wirf die Wörter weg. Wie die Spreu, nachdem du das Korn ausgelöst hast. Studiere die – spirituellen – Lehren, eigne dir ihre wahre Bedeutung an. Und wenn das geschehen ist, lege die Bücher beiseite.

Aus den Upanischaden

Dieses Buch macht nicht den Versuch, alle potentiellen Bedeutungen der fundamentalen Faktoren eines Geburtshoroskops darzulegen. Es gibt auch nicht vor, dem Leser sofort anwendbares «Wissen» oder sensationelle Aussagen zu vermitteln, die zur Selbstdarstellung vor anderen dienen könnten. Wenn man auf das sensationslüsterne Interesse der Medien und der Öffentlichkeit eingeht, verzichtet man vielmehr auf die Stärken der Astrologie, die eine eher subtile und tiefgründige Wissenschaft ist.

Mittels dieses Buches soll der Leser durch intensives und konzentriertes Nachdenken ein tieferes Verständnis gewinnen bezüglich der sinnvollen Interpretation von Geburtshoroskopen; Praktiker, Lehrer und Anfänger finden hier – keine perfekten, sondern noch weiter zu entwickelnde – *Richtlinien* zur Interpretation, die dazu dienen sollen, hinsichtlich einer Person oder Situation Bedeutsames ans Licht zu fördern.

Wichtig ist dabei vor allem, daß es sich um *Richtlinien* handelt. Auf ihnen aufbauend, soll ein tieferes Verständnis für Horoskope, Menschen und schließlich von der Astrologie selbst entstehen. Jene, die dieses Buch passiv «konsumieren», werden seinen Wert nicht ausschöpfen können; jene, welche diese Richtlinien als Fundament für eigenes Nachdenken und – wenn es um Beratungen geht – als Ausgangspunkt für einen Dialog benutzen, der sich auf die tiefere Realität, die Gefühle und inneren Erfahrungen des zu Beratenden konzentriert – jene werden, wie ich glaube, dieses Buch sehr wertvoll finden.

Wird das vorliegende Werk dazu verwendet, sich auf das tiefere Selbst, die subtilen Gefühle, Rhythmen und die so oft ignorierten Bedürfnisse einzustimmen (oder anderen bei dieser Einstimmung zu helfen), dann wird der Leser seine ganz persönliche Astrologie entwickeln, die auf den Sinn und Zweck des Lebens ausgerichtet ist. Eine solche Astrologie ist viel tiefgründiger, nützlicher und genauer als das umfangreiche, weitschweifige Material der meisten Bücher und Computer-Programme, welches nur einen Blick auf die Oberfläche zuläßt und das Individuelle nicht erfaßt.

Wie ich bereits erwähnte, muß man sich bei der astrologischen Arbeit auf die inneren Erfahrungen konzentrieren, um genau zu sein. Insbesondere der Neuling sollte sich vor der Annahme hüten, daß die Astrologie alles erklären könne, nur weil sie sozusagen eine kosmische Wissenschaft ist. Diese irrige Ansicht findet sich aber auch bei praktizierenden, von ihrer Sache begeisterten Astrologen. Die Überzeugung, daß die Astrologie auf alles angewendet werden könne, und daß sie in bezug auf alle diese Anwendungen genau sei, hat viele unerfreuliche Auswirkungen, von denen ich einige in meinen Büchern besprochen habe.

Eine in den letzten Jahre augenfällig gewordene nachteilige Folge ist, daß man noch bestehende Deutungslücken durch immer neue astrologische Faktoren zu füllen sucht. Man tut das wohl in der Hoffnung, schließlich jedem Detail des Lebens – wie bedeutungslos es auch sein mag – gerecht zu werden beziehungsweise dieses «zu erklären». Leben ist ein endlos wechselnder Ausdruck von Energien; die Geheimnisse des Lebens, das Selbst und die menschliche Seele werden immer über alle mentalen Erklärungsversuche und Techniken hinausreichen.

Das alles bringt zum Ausdruck, warum ich die Bestandteile dieses Buches als *Richtlinien* bezeichne – diese können nur als Anleitung dienen, uns selbst und andere besser zu verstehen. Weder diese Richtlinien noch irgendwelche anderen Materialien zur Horoskop-Interpretation werden jemals «das letzte Wort» darstellen oder «Vollständigkeit» beanspruchen können. Aber im menschlichen Leben ist niemals irgend etwas «vollständig»; alles ist in fortwährender Veränderung begriffen.

Astrologie «erklärt» also nicht alles – für «die letzten» Fragen muß man sich der Religion, der Philosophie oder dem Mystizismus zuwenden. Das Wesen der Astrologie besteht nicht darin, etwas zu erklären – wie manche gerne glauben möchten–, sondern in der Erhellung der Dinge. Sie bringt Licht in die vorherige Dunkelheit und Verwirrung. Der Astrologe muß das Licht jedoch zu einem Strahl bündeln – sonst ist es diffus und schwach. Ein wirklich erhellender Lichtstrahl des Verständnisses resultiert nur dann aus dieser symbolischen kosmischen Sprache, wenn die sie anwendende Person eine klare und reine Linse ist. Um diese Klarheit und Reinheit zur Erhellung der komplexen und mitunter abgründigen menschlichen Natur sowie des Lebens schlechthin zu erreichen und die wesentlichen Bedeutungen aller Geschehnisse zu erfassen, wurden diese Richtlinien niedergeschrieben.

Ich setze voraus, daß der Leser mit den Grundzügen der traditionellen Astrologie zumindest in einem gewissen Ausmaß vertraut ist – ich habe nicht wiederholt, was sich in Dutzenden anderer einführender Texte findet. Ich gehe also davon aus, daß dem Leser sein Geburtshoroskop bekannt ist, und daß er zumindest ein Grundwissen bezüglich Planeten, Zeichen und Häuser hat. *(Wer sein Horoskop nicht kennt, kann es sich beim Verlag Hier & Jetzt berechnen und vierfarbig ausdrucken lassen – Adresse im Anhang.)* Wer gar kein astrologisches Wissen besitzt, sollte sich die wesentlichen Faktoren seines Horoskops erklären lassen. Dem sich neu in die astrologische Materie Einarbeitenden möchte ich anraten, die einschlägige Literatur zu studieren*, so viele Horoskope wie möglich zu behandeln und jeweils in einem offenen Dialog die Einzelheiten zu besprechen und die Richtlinien dieses Buches so häufig wie möglich anzuwenden. Des weiteren sollte man nicht zögern, offen jeden Irrtum sowie jede Unwissenheit zuzugeben.

---

*) Hinsichtlich der zu empfehlenden Lektüre gilt zum einen, daß wir die Verfasser finden müssen, die »unsere Sprache sprechen«. Zum anderen sollten aber zumindest einige Werke solcher herausragenden Astrologen wie Dane Rudhyar, Margaret Hone und Charles Carter, aber auch modernere, psychologisch orientierte astrologische Autoren studiert werden. Dem Leser wird auch geraten, die anderen Bücher des Verfassers zu lesen, welche dieses Werk vervollständigen. Insbesondere ist für Anfänger auf *»Astrologie, Psychologie und die vier Elemente«* zu verweisen – dieses Werk beschreibt die Astrologie detailliert als eine Sprache der Energie und erläutert das dieser zugrunde liegende Prinzip. Es gibt viele astrologische Bücher, die hier Erwähnung finden könnten, aus Platzgründen aber ungenannt bleiben müssen. Der Leser sei auf die Literaturliste des Verfassers in *»Astrologie, Karma und Transformation«* verwiesen. Hingewiesen sei aber noch auf das Werk *»Astrology: The Divine Science«* von Marcia Moore und Mark Douglas. (Das Werk ist bisher nicht in deutscher Übersetzung erschienen.)

Nur durch ernsthafte Untersuchungen mit einer großen Anzahl von Menschen und durch die Erfahrungen, die sich daraus ergeben, wird die Sprache der Astrologie lebendig. Erst der Dialog ermöglicht eine gemeinsame Erforschung der Probleme eines bestimmten Menschen, seines Wesens und seiner Motive, und erst dieser Dialog enthüllt, was die Astrologie zur Lösung von Problemen beitragen kann.

Um aus diesem Buch den größtmöglichen Nutzen zu ziehen, sollte man alle Interpretations-Sätze – ob sie nun angenehme Wahrheiten beinhalten oder nicht – in Anwendung bringen (die Funktion des praktizierenden Astrologen ist es schließlich nicht, dem Klienten mit einer Vielzahl von schmeichelhaften Floskeln um den Bart zu gehen). Wer die astrologische Literatur kennt, wird festgestellt haben, daß viele schreibende Astrologen in die «Entweder-oder-Falle» gehen. Der Schreibende ist in diesem Fall bemüht, die astrologischen Einzelheiten in leicht zugängliche Kategorien zu ordnen, weil es einfacher ist, auf diese Weise zu denken und zu schreiben, als sich mit der Komplexität und den Feinheiten des Lebens auseinanderzusetzen. Auch ich bin in meinen Schriften mehr als einmal in diese «Falle» gegangen. Wenn das Leben derart einfach wäre, würde Astrologie viel einfacher zu verstehen und zu praktizieren sein.

Tatsächlich durchdringen sich das Positive und das Negative im Leben; oft sind sie in der individuellen Persönlichkeit auf so einzigartige Weise miteinander verwoben, daß wir große Schwierigkeiten haben, sie für sich zu analysieren. Man muß davon ausgehen, daß fast alle Menschen in sich eine komplexe Mischung von Merkmalen, Neigungen und Motiven vereinigen, die sowohl «positiv» als auch «negativ» in Erscheinung treten können. Und oftmals ist es so, daß die von einer Person als «negativ» bewertete Eigenschaft von jemand anderem durchaus geschätzt wird. Jemand mag die Ungeduld und das rauhe Wesen des Widders ablehnen und ein anderer dessen Tatkraft und ehrliche Direktheit als positiv ansehen. Wenn auch die Deutungsregeln mancher «Rezeptbücher» diesen Eindruck vermitteln: Die Astrologie basiert nicht auf einander ausschließenden Entweder-oder-Urteilen. Sie ist eine tiefgründige Wissenschaft der Energien, die eine unendliche Vielfalt von Schattierungen und Kombinationen umfaßt. Anders als die typischen «Persönlichkeits-Theorien» der orthodoxen Psychologie schließt sie unzählige Nuancen des menschlichen Wesens, seines Charakters und kreativen Potentials mit ein. Wie der Psychologe Dr. Ralph Metzner schrieb:

> *Als Psychologe und Psychotherapeut bin ich an einem anderen Aspekt dieses rätselhaften und faszinierenden Fachgebiets interessiert. Wir haben hier eine psychologische Typenlehre und eine Hilfe zur diagnostischen Einschätzung, die in ihrer Komplexität und verfeinerten Analyse weit über jedes andere existierende System hinausgeht... Der Rahmen für die Analyse – die drei ineinandergreifenden symbolischen Grundbegriffe des Tierkreises: «Zeichen», «Häuser» und «planetarische Aspekte» - ist der verwirrenden Vielfalt der menschlichen Natur wahrscheinlich besser angepaßt als die vorhandenen Systeme mit ihren Typen, Charakterzügen, Motiven, Bedürfnissen, Faktoren oder Tabellen.*[5]

Der sich in die astrologische Materie Einarbeitende steht oftmals – selbst im «durchschnittlichen» Horoskop – einer übergroßen Zahl von Interpretationsmöglichkeiten gegenüber. Fragen wie »Worauf soll ich mich konzentrieren?« und »Was stelle ich in der begrenzten Zeit, die für eine Konsultation zur Verfügung steht, in den Vordergrund?« sind wichtig und müssen beantwortet werden. Aber für diesen Bereich bietet die astrologische Literatur nur wenig Anleitung.* Was die relative Bedeutung der verschiedenen Faktoren angeht: Nachdem ich dazu bereits in meinen früheren Bänden Stellung genommen

---

*) *»Die Kunst der Horoskop-Synthese«* von Tracy Marks (erscheint im Verlag Hier & Jetzt 1992/93) ist eines der wenigen Bücher, das deutlich macht, wie man zwischen den besonders wichtigen Faktoren des Horoskops und jenen, die von sekundärer Be-

habe, ist dieses Buch so aufgebaut, daß seine Struktur schon diesbezüglich eine Rangfolge erkennen läßt.

Dieses Buch basiert auf der zentralen Bedeutung der vier Elemente (welche die fundamentalen astrologischen Energien darstellen) und der Stellung der persönlichen Planeten unter Einbeziehung von Jupiter und Saturn in den Elementen und Zeichen. Die äußeren Planeten Uranus, Neptun und Pluto haben – solange sie nicht durch Stellung und Aspektierung eine herausragende Rolle erhalten – keine besondere Bedeutung. Oft geschieht es, daß der Anfänger zum Beispiel dem Uranus-Zeichen eine zu große Bedeutung beimißt, und noch häufiger wird ein Aspekt zwischen zwei äußeren Planeten überbetont, weil nicht bedacht wird, daß aufgrund der langsamen Bewegung der äußeren Planeten dieselbe Konfiguration über Jahre hinweg Bestand hat. In diesen Fällen wird der Einfluß auf das persönliche Leben eher gering sein – erst durch die Verbindung mit einem persönlichen Planeten oder eine markante Hausposition wird dies anders.

Wenn wir uns also auf die *wesentlichen* Merkmale des Horoskops beschränken wollen, sollten wir derartige Faktoren außer acht lassen. Anzuraten ist immer, sich zunächst auf die fünf persönlichen Planeten *Sonne, Mond, Merkur, Venus und Mars sowie den Aszendenten* zu konzentrieren und dann das in Betracht zu ziehen, was diese grundlegenden Faktoren färbt oder näher bestimmt.

Steht zum Beispiel Neptun in Konjunktion mit dem Aszendenten oder dem gegenüberliegenden Deszendenten, wird er zu einem bedeutsamen Faktor der Persönlichkeit und des Energiefeldes – nicht aufgrund seines Zeichens, sondern aufgrund der Art und Weise, wie er mit den zentralen Punkten und der Struktur des Horoskops verknüpft ist. Ein anderes Beispiel: Befindet sich Uranus oder Pluto im exakten Aspekt zur Sonne, ist die Grundstimmung und das Bewußtsein dieser Per-

---

deutung sind, unterscheidet. Zur Frage der astrologischen Beratung – ob diese professionell gegen Entgelt durchgeführt wird oder nicht – siehe auch Stephen Arroyo: *»Astrologische Psychologie in der Praxis«*, Hamburg 1988, Verlag Hier & Jetzt.

son stark uranisch oder plutonisch gefärbt – und zwar nicht aufgrund der Zeichenposition dieses äußeren Planeten, sondern wegen der Intensität der Schwingung, die aus der Genauigkeit des Aspekts resultiert.

Wegen der herausragenden Bedeutung der ***persönlichen Planeten*** finden sich im umfangreichsten Abschnitt dieses Buches zahlreiche Beispiele zu deren Stellung in den Zeichen (einschließlich Jupiter und Saturn). Zur Darlegung der fundamentalen Bedeutung der vier Energien werden auch einfache Richtlinien für Zeichen und Planeten bezüglich der Elemente geboten. Schon mit dem Material über die Elemente und die Planeten in den Zeichen kann man mit sauberer Vorgehensweise ganz erstaunliche Leistungen erbringen.

Von Wichtigkeit ist als nächstes der ***Aszendent***. Hier habe ich nicht – wie bei der Sonne in den Zeichen – Schlüsselworte aneinandergereiht, um dem Neuling eine Schwierigkeit zu ersparen: zu unterscheiden, wie sich ein Zeichen als Sonnen-Zeichen manifestiert und wie es in Erscheinung tritt, wenn es das aufsteigende Zeichen ist. Zu dieser Unterscheidung (zum Beispiel Sonne im Stier und Stier-Aszendent) könnte viel gesagt werden, doch für ein Buch mit kurzen und prägnanten Richtlinien scheint es mir ausreichend, den Unterschied darzulegen und auf einige charakteristische Punkte hinzuweisen, die mir im Laufe der Jahre aufgefallen sind.

Bei der Beschreibung der ***Häuser*** habe ich mich entschlossen, zunächst den ganzheitlichen Ansatz vorzustellen, von dem die Interpretationen der Häuser abgeleitet werden können. Des weiteren finden sich viele Formeln bzw. Richtlinien, die dem Praktiker Anhaltspunkte liefern können und deren Kombination für ein Gespräch oder persönliche Erkenntnisse dienen mag. Der Leser soll ermutigt werden, selbständig zu denken und die potentiell unendlich vielen innerlichen und äußerlichen Auswirkungen zu erforschen, die mit einem Planeten in einem Haus einhergehen können.

Im Abschnitt über die ***Aspekte*** liegt der Schwerpunkt auf den Planeten, deren Ausdruck miteinander verknüpft ist – von geringerer Wichtigkeit ist dabei, um welchen Aspekt es sich handelt. Die klassische astrologische Einteilung in Quadrate, Trigone etc. stützt die irrtümliche Ansicht, daß beispielsweise alle Quadrate «schlecht» oder «schwierig» und alle Trigone «gut» oder «bequem» seien. Diese Klassifizierung besteht – oftmals unterschwellig – hartnäckig fort, oft auch bei jenen, die diese begrenzte Sichtweise überwunden zu haben behaupten. Von wesentlich größerer Bedeutung ist jedoch, welche Planeten an einem Aspekt beteiligt sind, wie diese miteinander verknüpft sind und in den besetzten Zeichen wirken und wie ein bestimmter Aspekt in der Struktur des Horoskops zum Tragen kommt.

Bei der Frage, worauf man sich konzentrieren sollte, möchte ich den Rat wiederholen, den ich vielen Studenten gegeben habe: Auch wenn du glaubst, nur einen kleinen Teil eines Horoskops verstanden zu haben – folge dem, was du verstehst, und du wirst die Struktur und die wichtigsten Themen erkennen. Und mache dir keine Sorgen, ob du eine «vollständige» Interpretation «schaffst» – das zu leisten ist unmöglich. Konzentriere dich auf das Wesentliche und auf die Persönlichkeit des Menschen und verliere dich nicht in den endlosen Details des Horoskops. Der Mensch realisiert sein Horoskop durch sein Leben – eine «vollständige» Horoskop-Interpretation kann immer nur bedeuten, die komplexe, individuelle Persönlichkeit eines Individuums offenzulegen, besser zu verstehen und zu akzeptieren.

Es muß noch angemerkt werden, daß Astrologie nur bis zu einem gewissen Grad *erlernt* werden kann. Natürlich sollte man sich um die bestmögliche Ausbildung bemühen, um genau und konstruktiv arbeiten zu können. Wenn aber die Grundlagen, die Philosophie und zuverlässige Interpretations-Prinzipien erlernt worden sind, kommt es mehr auf den Astrologen als auf die Astrologie an. Die Anwendung dieser Wissenschaft ist eine Kunst; sie erfordert die Subtilität eines Künstlers. Es stellt sich dann die Frage: Welche Art von Künstler bist du? Bist du eine klare Linse, durch die die kosmischen Faktoren klar erkannt werden können? Unsere eigene persönliche Entwicklung, unsere Überzeugungen und Ideale sowie unsere Sensitivität haben einen entscheidenden Einfluß darauf, wie wirksam und segensreich wir die astrologische Kunst auszuüben imstande sind.

Es ist durchaus noch von Wichtigkeit, für welche astrologische Theorie du dich entscheidest (obwohl dies einige «aufgeschlossene» Astrologen nicht wahrhaben wollen). Wie Einstein sagte: »Die Lehre entscheidet, welche Beobachtungen wir machen können.« Für ein festes Fundament und eine klare Perspektive unserer Arbeit ist es unbedingt erforderlich, unseren Ansatz, unsere grundlegende Lehre und unsere astrologischen Anschauungen klar zu definieren. Um das Leben und die Menschen zu verstehen, ist jedoch deine persönliche Entwicklungsstufe mindestens genauso wichtig. Der Intellekt kann nur im Bewußtsein (oder gewissermaßen auf der Entwicklungsebene seiner Seele) wirken. Deshalb müssen wir uns letzten Endes an unser inneres Leben und unsere innere Entwicklung halten – nicht nur, weil dies die einzige Möglichkeit zum wahren Verständnis und wirksamem Anwenden der Astrologie ist, sondern auch, weil es der einzige Weg ist, der dem Prozeß der Entwicklung gerecht wird.

Schlüsselbegriffe und Definitionen

Wer die wahre Bedeutung der folgenden Definitionen versteht, verfügt über den Schlüssel zur gesamten Astrologie.

Die ***Elemente***	sind die ***Energiesubstanz der Erfahrung***.
Die ***Zeichen***	stellen die fundamentalen Energiemuster dar; sie weisen auf die jeweilige ***Qualität der Erfahrung*** hin.
Die ***Planeten***	symbolisieren den ***Energiefluß*** und verkörpern die ***Dimensionen der Erfahrung***.
Die ***Häuser***	repräsentieren die ***Erfahrungbereiche,*** in denen die jeweiligen Energien am leichtesten zum Ausdruck kommen und erlebt werden.
Die ***Aspekte***	enthüllen die ***Dynamik*** und die ***Intensität der Erfahrung*** sowie die Art und Weise des ***Energie-Austausches*** im Individuum.

Diese fünf Faktoren beinhalten eine umfassende kosmische Psychologie. Die Kunst, sie miteinander zu kombinieren, ergibt die Sprache der Energie und wird Astrologie genannt.

Diese fünf Faktoren werden auf folgende Weise miteinander verknüpft:

- Eine bestimmte Erfahrungsdimension (von einem bestimmten ***Planeten*** angezeigt) wird von der Qualität des ***Zeichens*** (in dem der Planet im Geburtshoroskop steht) gefärbt.

- Das Ergebnis dieser Kombination ist der Drang, sich auf eine bestimmte Weise auszudrücken, und ein spezifisches Bedürfnis nach Erfüllung. Dieses Ergebnis kann genau bezeichnet werden. Das Individuum wird dieser Dimension seines Lebens am unmittelbarsten in jenem Erfahrungsbereich begegnen, der von der ***Hausposition des Planeten*** angezeigt wird.

- Wenn auch der ***Erfahrungsdrang*** für alle Menschen mit einem bestimmten Planeten im selben Zeichen gleich ist, so entsteht durch die jeweiligen ***Aspekte*** eine Differenzierung, die erkennen läßt, wie leicht und harmonisch ein Mensch sich ausdrücken oder seine Bedürfnisse erfüllen kann.

KAPITEL 3

DIE VIER ELEMENTE UND DIE ZWÖLF ZEICHEN

Die vier Elemente der astrologischen Tradition beziehen sich auf die Lebenskräfte (oder Energien), die der menschlichen Wahrnehmung zugänglichen Schöpfung zugrunde liegen. Im Geburtshoroskop stehen die vier Elemente für unsere Fähigkeit, bezüglich bestimmter Bereiche unseres Daseins aktiv zu werden und bestimmte Erfahrungen zu machen. Diese Elemente haben nichts zu tun mit den chemischen Elementen; sie sind von einer viel höheren Qualität. Das astrologische Geburtshoroskop bezieht sich auf den Moment des ersten Atemzuges – auf jenen Augenblick, in dem wir uns für unser Leben auf die kosmischen Energiequellen einstimmen. Das Horoskop läßt daher unser Energiemuster oder unsere kosmische Einstimmung auf die vier Elemente erkennen. Mit anderen Worten: Das Horoskop symbolisiert das Muster der verschiedenen Schwingungen zum Zeitpunkt unserer Geburt; aus diesem Muster resultiert der Ausdruck unserer Persönlichkeit.
Jedes der vier Elemente *Feuer, Erde, Luft* und *Wasser* repräsentiert eine Grundform von Energie und Bewußtsein. In jedem von uns sind alle Elemente vertreten, aber jeder Mensch ist bewußtseinsmäßig auf bestimmte Energieformen besser eingestellt als auf andere. Jedes der vier Elemente manifestiert sich in drei Schwingungs-Formen: *kardinal, fix* und *veränderlich*. Kombiniert man die vier Elemente mit den drei Schwingungs-Formen, erhält man die zwölf energetischen Grundmuster, die Tierkreiszeichen. Um die unterschiedlichen Energiemuster zu verstehen, werden sie hier von der Schwingungs-Form her analysiert:

Kardinale Zeichen entsprechen dem *Aktionsprinzip* und symbolisieren die zielgerichtete Anwendung von Energie.

Fixe Zeichen repräsentieren *konzentrierte Energie,* die sich in einem Zentrum sammelt oder von einem Zentrum ausstrahlt.

Bewegliche Zeichen entsprechen der *Flexibilität* und dem *beständigen Wechsel* zwischen den zwei anderen Energiemustern; bildhaft muß man sie sich als spiralförmige Energiemuster vorstellen.

Wenn durch bedeutsame Planetenstellungen ein Zeichen und damit auch das zugehörige Element betont ist, hat dies einen spezifischen Bewußtseinstypus und eine bestimmte Art der Wahrnehmung zur Folge. (Siehe hierzu auch Kapitel 11, 12 und 14 von *»Astrologie und die vier Elemente«*. Dort wird dargelegt, wie die «Betonung» der Elemente eines Horoskops zu verstehen ist und wie diese «gemessen» werden kann. Insbesondere sollte Kapitel 12 beachtet werden, um das Verhältnis der vier Elemente zueinander richtig einschätzen zu können).

Luftzeichen	stehen in Verbindung mit Wahrnehmungen und dem Denken sowie Kommunikation beziehungsweise Gedankenaustausch. Auch besteht eine Beziehung zur Geometrie und zu abstrakten Ideen.
Feuerzeichen	drücken das wärmende, strahlende, stärkende Lebensprinzip aus, das sich als Begeisterung, Vertrauen, Mut und als Drang zum Selbstausdruck manifestieren kann.
Wasserzeichen	symbolisieren das kühlende, heilende Prinzip der Sensitivität, Verantwortungsgefühl und Einfühlungsvermögen in andere.
Erdzeichen	lassen eine Harmonie mit der Welt der physischen Formen und eine praktische Fähigkeit zum Wirken und zur Verbesserung der materiellen Welt erkennen.

Die Elemente werden traditionsgemäß in zwei Gruppen eingeteilt: *Feuer* und *Luft* gelten als aktiv und ausdrucksstark und *Wasser* und *Erde* als passiv und empfänglich. Wer sich mit dem Horoskop auf ganzheitliche Weise beschäftigt, muß sich mit diesen Begriffen auseinandersetzen. Sie beziehen sich eher auf die Wirkungsweise der betreffenden Energien und auf die Art und Weise des individuellen Ausdrucks – sie verkörpern keine Eigenschaften, die allgemeine Gültigkeit haben.

Die Wasser- und Erdzeichen zum Beispiel sind insofern zurückhaltender als die Feuer- und Luftzeichen, als sie mehr in sich selbst leben und ihre begrenzte Energie mit Bedacht und Umsicht nach außen richten. Durch diese Vorgehensweise geben sie jedoch ihren Handlungen eine solide Grundlage. Die Feuer- und Luftzeichen sind ausdrucksstärker, da sie immer «alles herauslassen». Sie setzen ihre Energien und ihre Lebenssubstanz vorbehaltlos ein – die Feuerzeichen durch direktes Handeln und die Luftzeichen durch gesellschaftliche Interaktion und verbalen Ausdruck – und ignorieren Grenzen mitunter völlig.

Diese Klassifizierung sowie die Tatsache, daß die Zeichen desselben Elementes (z.B. Feuer: Widder, Löwe und Schütze) und die Elemente derselben Gruppe (bei Erde und Wasser z.B. Stier und Fische) im allgemeinen als «verträglich» betrachtet werden, ist nicht nur für die Interpretation des individuellen Horoskops, sondern auch für den Horoskop-Vergleich von größter Bedeutung. Jedes Zeichen ist eine Ausdrucksform einer elementaren Energie; es erfährt durch Entwicklung und das jeweilige Energiemuster seine spezielle Ausprägung.

Die Feuerzeichen:

Widder, Löwe , Schütze ♈ ♌ ♐

Die Feuerzeichen zeigen eine universelle, strahlende, enthusiastische Energie, die durch ihr Licht Farbe in die Welt bringt. Diese Zeichen stehen für Lebenslust, großes Selbstvertrauen, mitreißenden Schwung und große Aufrichtigkeit.

Schlüsselbegriffe

- strahlende Energie
- Selbstvertrauen
- Initiative

Charakteristische Merkmale

- furchtlose Impulsivität
- gute Laune
- Enthusiasmus
- Stärke
- Aufrichtigkeit (bis zur Grobheit)
- nach außen gerichtet
- freiheitsliebend
- zielgerichtete Willenskraft und Führerschaft
- mitreißend
- ungeduldig

Die Luftzeichen:

Zwillinge, Waage, Wassermann

♊ ♎ ♒

Die Luftzeichen bringen jene Lebensenergie zum Ausdruck, welche mit dem Atem oder dem, was die Yogis «Prana» nennen, assoziiert wird.

Der Luft-Bereich umfaßt die Welt der archetypischen Vorstellungen, die hinter dem Schleier der physischen Welt liegen; das Luft-Element wandelt kosmische Energie in spezifische Gedankenmuster um. Die Luftzeichen verspüren das Bedürfnis, sich von den unmittelbaren Erfahrungen des täglichen Lebens zu lösen, um Objektivität, die richtige Perspektive und eine rationale, reflektierende Einstellung zu ihren Handlungen zu bekommen.

Schlüsselbegriffe

- mentaler Eindruck
- mentale Wahrnehmung
- mentaler Ausdruck

Charakteristische Merkmale

- intellektuell geprägte Lebenseinstellung
- Vorstellungsvermögen
- Rationalisierung
- innerer Abstand und Perspektive
- Bedürfnis zu verstehen
- Verbalisierung
- Bedürfnis nach Beziehungen und Geselligkeit
- kommunikativ, neugierig
- akzeptiert andere als Individuen
- Konzepte und Prinzipien

Die Wasserzeichen:
Krebs, Skorpion, Fische

♋ ♏ ♓

Die Wasserzeichen sind auf ihre Gefühle sowie auf Feinheiten und subtile Strömungen orientiert, die viele andere nicht bemerken. Das Element Wasser steht für tiefe Emotionen und gefühlsmäßige Reaktionen, die von zwanghafter Leidenschaft zu überwältigenden Ängsten und der alles umfassenden, bedingungslosen Hingabe für die Schöpfung reichen. Die Wasserzeichen wissen instinktiv, daß sie sich zur Verwirklichung der tiefsten Sehnsüchte ihrer Seele vor äußeren Einflüssen schützen müssen, um sich die innere Ruhe zu sichern, die sie für ihre tiefgründigen Überlegungen und ihre feine Wahrnehmung brauchen.

Schlüsselbegriffe

- tiefe Gefühle
- Einfühlungsvermögen
- Verantwortungsgefühl

Charakteristische Merkmale

- Sensitivität
- weiß um die Realität des Unbewußten
- Intuition
- Reinigung und Läuterung
- psychische Empfindsamkeit
- tiefe Gedanken
- Verschwiegenheit
- Bedürfnis nach Zurückgezogenheit
- mitleidsvolle Hingabe
- Bedürfnis nach emotionaler Verbundenheit mit anderen

Die Erdzeichen:

Stier, Jungfrau, Steinbock ♉ ♍ ♑

Die Erdzeichen verlassen sich auf ihre Sinnesorgane und auf praktische Vernunft. Die angeborene Ausrichtung auf die materielle Welt verleiht diesen Zeichen mehr als allen anderen Geduld und Selbstdisziplin. Vorsichtiges und bedachtsames Handeln und ein für gewöhnlich konventionelles und zuverlässiges Verhalten sind typisch. Erdzeichen müssen um ihren Platz in der Welt wissen, denn Sicherheit bleibt ihr ganzes Leben hindurch ein wichtiges Ziel für sie.

Schlüsselbegriffe

- praktische Fähigkeiten im Umgang mit der materiellen Welt

Charakteristische Merkmale

- in Harmonie mit der physischen Welt
- scharfe Sinneswahrnehmung
- praktisches und eher konventionelles Wesen
- Geduld und Selbstdisziplin
- Beharrlichkeit
- bedachtsames und vorausschauendes Handeln
- Verläßlichkeit

KAPITEL 4

DIE PLANETEN

Schlüsselbegriffe für die Planeten

Planet	*wofür der Planet steht*	*der zugrundeliegende menschliche Trieb*	*das psychische Bedürfnis*
Sonne	Lebenskraft; Individualitätsgefühl; schöpferische Energie; Ausstrahlen des inneren Selbstes (Harmonie mit der Seele); grundlegende Werte	sein und schaffen	Anerkennung und den angemessenen Ausdruck seiner selbst finden
Mond	unterbewußte Empfänglichkeit; Gefühl für das Selbst bzw. das Selbst-Bild; (konditionierte) Reaktionen	innere Unterstützung finden; emotionale oder auch häusliche Geborgenheit erfahren	emotional im Gleichgewicht sein; sich zu etwas zugehörig fühlen
Merkur	Kommunikation; bewußtes (z.B. logisches oder rationales) Denken	Wahrnehmungen und Erkenntnisse (sprachlich) zum Ausdruck bringen	lernen; sich mit anderen austauschen
Venus	emotionale Anteilnahme; Wertvorstellungen; Energieaustausch mit anderen durch Geben von sich selbst und Nehmen von anderen	Gesellschaft, Freude und Liebe erfahren und zum Ausdruck bringen	anderen Menschen nah sein; seine Gefühle zum Ausdruck bringen und Behaglichkeit und Harmonie erfahren; seine Gefühle äußern

Mars	Verlangen; Wille zum Handeln; Tatkraft; Initiative; physische Energie	Selbstbehauptung und Aggression; Sexualtrieb	Wünsche in die Tat umsetzen; physischen und sexuellen Reizen nachkommen
Jupiter	Expansion; Gnade	der Glaube an eine höhere Ordnung oder eine Verbindung mit etwas, das größer ist als das Selbst	glauben und hoffen; Vertrauen zum Leben und zu sich selbst haben; sich weiterentwickeln wollen
Saturn	Beschränkung; Mühsal	Integrität und die innere Struktur bewahren; sich durch greifbare Erfolge und Leistungen absichern wollen	auf die eigenen Mittel und die eigene Arbeit bauen sowie gesellschaftliche Anerkennung suchen
Uranus	individuelle Freiheit; Freiheit für das eigene Selbst	unsere individuelle Einzigartigkeit zum Ausdruck bringen; sich von anderen sowie von der Tradition abheben	Abwechslung und Aufregung erfahren und sich ohne jede Beschränkung zum Ausdruck bringen
Neptun	transzendentale Freiheit; Vereinigung; Freiheit vom eigenen Selbst	den Begrenzungen des eigenen Selbstes und der materiellen Welt entkommen wollen	das Einssein mit dem Leben erfahren; mit dem Ganzen verschmelzen
Pluto	Zerstörung und Umwandlung	zum innersten Kern der Erfahrung vordringen wollen; sich nach einer innerlichen Neugeburt sehnen	an sich arbeiten; das Alte durch Leiden loslassen

Positive bzw. negative Ausdrucksformen der planetarischen Prinzipien

Jedes planetarische Prinzip kann sowohl positiv und schöpferisch als auch negativ und selbstzerstörerisch zum Ausdruck kommen. Unsere Einstellung den einzelnen Erfahrungsbereichen gegenüber kann mit dem höheren Gesetz in Harmonie sein oder zu diesem in Mißklang stehen. Dies bedeutet entweder die kreative Nutzung oder den Mißbrauch dieser verschiedenen Energien, Kräfte und Verbindungen. Zum Verständnis der positiven beziehungsweise negativen Ausdrucksformen müssen auch die Aspekte zu den einzelnen Planeten analysiert werden.

Planet	*positiver Ausdruck*	*negativer Ausdruck*
Sonne ☉	geistige Ausstrahlung; schöpferisches und warmherziges Ausströmen des Selbstes	Stolz; Arroganz; sich für etwas Besonderes halten
Mond ☽	Empfänglichkeit; innere Zufriedenheit; die Dinge auf sich zukommen lassen können	Überempfindlichkeit; Unsicherheit; gehemmtes Selbstgefühl; Gefühl, nicht man selbst sein
Merkur ☿	schöpferischer Gebrauch von Kenntnissen oder Intelligenz; Vernunft und Unterscheidungsvermögen werden in den Dienst höherer Ideale gestellt; durch Verständnis und klaren, verbalen Ausdruck Übereinstimmung mit anderen erzielen	Mißbrauch des Wissens oder der Intelligenz; durch Über-Rationalisierung moralisch fragwürdiges Verhalten; einseitige und vorurteilsgeprägte Kommunikation
Venus ♀	Liebe; Geben für und Nehmen von anderen; teilen; geistiges Wohlwollen	Genußsucht; Geiz; emotionale Ansprüche; Hemmungen in der Liebe

Planet	*positiver Ausdruck*	*negativer Ausdruck*
Mars ♂	Mut; Initiative; Willenskraft bei der Verfolgung der angestrebten Ziele	Ungeduld; Halsstarrigkeit; Drohungen, Gewalt oder Unterdrückung
Jupiter ♃	Glaube; Optimismus; Vertrauen auf eine höhere Macht oder auf einen größeren Plan; Hinwendung zum Höheren; Streben nach Vervollkommnung	übertriebenes Selbstvertrauen; «aufgeblähtes Selbst»; Zersplitterung der Energie; Faulheit; Verantwortungslosigkeit; verspricht zu viel
Saturn ♄	disziplinierte Anstrengung; Pflichten und Verantwortung auf sich nehmen; Geduld; Verläßlichkeit	Selbstbeschränkung, weil man wegen mangelnden Vertrauens in andere alles selbst machen will; Härte und Kälte; Abwehrhaltung; gelähmt durch Hemmungen, Angst und Negativität
Uranus ♅	Wahrheitsliebe; Respekt vor der Freiheit; Originalität; Einfallsreichtum; planvolles Experimentieren	Eigensinn; rastlose Ungeduld; übersteigertes Bedürfnis nach Aufregungen und Veränderungen; Rebellion; Radikalismus
Neptun ♆	Leben nach einem Ideal; auf das Ganze ausgerichtet; Verwirklichung der spirituellen Dimension der Erfahrung; allumfassendes Mitgefühl	selbstzerstörerische Flucht vor der Realität; Vernachlässigung von Pflichten und der tiefsten Bedürfnisse des Selbstes; die eigenen Beweggründe ignorieren
Pluto ♇	sein Denken und seine Willenskraft auf die eigene Transformation richten; den Mut haben, den tiefsten Wünschen und Zwängen entgegenzutreten; diese durch die Intensität des Erlebens und eigene Bestrebungen verwandeln	das innere Verlangen nicht erkennen und es zwanghaft zum Ausdruck bringen; andere zum eigenen Nutzen manipulieren; alles tun, um den Schmerz der Konfrontation mit dem eigenen Selbst zu vermeiden; Verblendung durch Macht

Die Planeten in den Elementen

☉ *Die Sonne*

Das Element des Sonnenzeichens dominiert für gewöhnlich die Psyche einer Person, weil es auf grundsätzliche Art die Vitalität, die Identität, die Kraft der Selbst-Projektion sowie die Eigenschaften des Bewußtseins offenbart. Es zeigt auch, was für den einzelnen «wirklich» ist, denn dem, was jeweils als «wirklich» gesehen wird, liegen unbewußte Annahmen zugrunde.

Die **Luftzeichen** *Zwillinge, Waage* und *Wassermann* verweilen in dem abstrakten Bereich des Denkens, und ein Gedanke ist für sie so wirklich wie irgendein materieller Gegenstand.

Die **Wasserzeichen** *Krebs, Skorpion* und *Fische* leben in ihren Gefühlen, und ihr emotionaler Zustand bestimmt ihr Verhalten mehr als alles andere.

Die **Feuerzeichen** *Widder, Löwe* und *Schütze* befinden sich in einem Zustand permanenter Erregung und schöpferischer Aktivität; die Erhaltung dieses Seinszustandes ist für sie von entscheidender Bedeutung, um gesund und glücklich zu bleiben.

Die **Erdzeichen** *Stier, Jungfrau* und *Steinbock* sind in der physischen Realität verankert; die materielle Welt und Überlegungen in bezug auf Sicherheit und Leistung bestimmen ihr Verhalten.

Das Element unseres Sonnenzeichens läßt die grundlegende Triebkraft aller unserer Handlungen erkennen; es zeigt auch, wie das Leben gesehen wird und welche Erwartungen man hat.

Das Sonnen-Element bringt zum Ausdruck, wie die Energie deiner Persönlichkeit beschaffen ist beziehungsweise, wie du sie wieder «aufladen» kannst. Mit anderen Worten: Dieses Element ist der Treibstoff, den du brauchst, um dich lebendig zu fühlen! Es ist die Kraft, die es uns ermöglicht, uns neu zu beleben, damit wir den Streß und die Anforderungen des täglichen Lebens bewältigen können.[6]

Sonne in den Feuerzeichen:

- *Die Grundmotivation*
  ist Begeisterung und inneres Streben
- *Energie-Aufladung*
  durch den Körper einbeziehende Tätigkeiten sowie beim Arbeiten für visionäre Zielsetzungen

Sonne in den Erdzeichen:

- *Die Grundmotivation*
  besteht in materiellen Bedürfnissen und Nützlichkeitsdenken
- *Energie-Aufladung*
  durch Beschäftigung mit der Materie, rationale Arbeitstechniken und konkrete Sinneswahrnehmungen

Sonne in den Luftzeichen:

- *Die Grundmotivation*
  besteht in intellektuellen Konzepten sowie gesellschaftlichen Idealen
- *Energie-Aufladung*
  durch soziales Engagement und geistige Anregung

Sonne in den Wasserzeichen:

- *Die Grundmotivation*
  besteht in tiefen emotionalen Wünschen und Sehnsüchten
- *Energie-Aufladung*
  durch intensive emotionale Erfahrungen und Umgang mit vertrauten Menschen

☽ Der Mond

Das Element des Mondzeichens verkörpert eine sich automatisch manifestierende Einstellung aus der Vergangenheit, eine Seinsweise und emotionale Prägung, der man gerecht werden muß, um sich innerlich sicher und wohlzufühlen. Dieses Element und die Erfahrungen, die mit ihm verbunden sind, erfüllen dein Bedürfnis, dich «in Ordnung» zu fühlen; durch diese Art des Selbstausdrucks befriedigst du ein tiefes inneres Bedürfnis, das deine Persönlichkeit stabilisiert. Das Element des Mondes zeigt auch, wie du instinktiv auf alle Erfahrungen reagierst und mit welchen Energien du dich auf den Fluß des Lebens einstellst.

Mond in den Feuerzeichen:

- *Reagiert*
  aktiv und mit Enthusiasmus, wenn die Ereignisse Abwechslung versprechen
- *Fühlt sich wohl,*
  wenn er Zuversicht und Stärke zum Ausdruck bringen kann

Mond in den Erdzeichen:

- *Reagiert*
  auf wechselnde Erfahrungen mit Beständigkeit und Festigkeit
- *Fühlt sich wohl,*
  wenn er produktiv ist und auf ein Ziel hinarbeitet

Mond in den Luftzeichen:

- *Reagiert*
  auf wechselnde Erfahrungen mit Voraussicht und rationalen Konzepten
- *Fühlt sich wohl,*
  wenn er Ideen zum Ausdruck bringen und gesellschaftlichen Austausch pflegen kann

Mond in den Wasserzeichen:

- *Reagiert*
  auf wechselnde Erfahrungen mit Sensibilität und Emotionen
- *Fühlt sich wohl,*
  wenn er auf tiefe Gefühle stößt

☿ *Merkur*

Das Merkur-Element weist darauf hin, welche Energie und Qualität unsere Gedankenprozesse beeinflußt, und wie wir unsere Gedanken auf der Wellenlänge dieser speziellen Schwingung zum Ausdruck bringen. Merkur symbolisiert den Drang, mit anderen in Kontakt zu kommen und Verbindungen zu schaffen, in denen wahres Geben und Nehmen möglich ist. Er symbolisiert auch alle Formen der Koordination, einschließlich der unseres Nervensystems. Sein Element repräsentiert im Horoskop das Einströmen der Intelligenz (durch Wahrnehmung) und das Ausströmen derselben (durch Fähigkeiten, Sprache und manuelle Geschicklichkeit). Es zeigt das Bedürfnis, von ähnlich eingestellten Menschen verstanden zu werden und durch Vorstellungen und Informationen aus der Außenwelt zu lernen.

Merkur in den Feuerzeichen:

- *Das Denken*
  wird von den eigenen Bestrebungen, Überzeugungen, Hoffnungen und Zukunftsvisionen beeinflußt
- *Fähigkeiten und Sprache*
  kommen direkt, überzeugend und in enthusiastischer Form zum Ausdruck

Merkur in den Erdzeichen:

- *Das Denken*
  wird von praktischen Überlegungen beeinflußt und ist durch Tradition geprägt
- *Fähigkeiten und Sprache*
  werden mit Beharrlichkeit, Geduld, Vorsicht und Präzision zum Ausdruck gebracht

Merkur in den Luftzeichen:

- *Das Denken*
  bildet eine eigene Realität; es wird von abstrakten Idealen und gesellschaftlichen Überlegungen beeinflußt
- *Fähigkeiten und Sprache*
  werden klar, mit Objektivität und unter verstandesmäßiger Beurteilung der beteiligten Prinzipien zum Ausdruck gebracht

Merkur in den Wasserzeichen:

- *Das Denken*
  wird von den eigenen tiefen Gefühlen und Sehnsüchten beeinflußt
- *Fähigkeiten und Sprache*
  kommen auf sensitive und intuitive Weise zum Ausdruck

♀ *Venus*

Wie Merkur repräsentiert auch Venus den Einfluß und das Ausströmen von Energie. Ihre Stellung in den verschiedenen Elementen repräsentiert das Geben und Nehmen von Liebe und Zuneigung und den sinnlichen Genuß. Das Venus-Element stellt dar, wie wir unsere Liebe und Fürsorge und unsere Gefühle anderen zeigen. Das ist die ausströmende Phase des Venus-Prinzips, doch ist die Phase des Einströmens genauso wichtig. Letztere repräsentiert alle Arten von Erfahrungen und Ausdrucksweisen, die unser Bedürfnis nach Nähe zu anderen erfüllen und uns helfen, uns geliebt und angenommen zu fühlen.

Bei Frauen hat Venus mit dem weiblichen Ich zu tun. Eine Frau muß die Qualitäten ihres Venus-Zeichens erfahren, um sich weiblich zu fühlen. Das Zeichen verdeutlicht auch, wie eine Frau bezüglich Liebe und Sexualität gibt und nimmt. Venus ist für gewöhnlich eher bei Frauen als bei Männern ein sexueller Indikator. Sie zeigt auf, wie eine Frau sowohl gegenüber sexuellen als auch nicht-sexuellen Beziehungen eingestellt ist.

Beim Mann ist Venus mit Romantik und Schönheit verbunden; sie repräsentiert Vorstellungen, was als anmutig und reizvoll empfunden wird. Venus steht für die Art von Frau, die den Mann erotisch anzieht, die seine Gefühle erregt und deren Aussehen er vom ästhetischen Standpunkt aus schätzt. Im Horoskop des Mannes liegt bei Venus die Betonung auf der Sinnlichkeit, im Gegensatz zum Mond, welcher für den Frauentyp steht, der in nicht-erotischer Hinsicht anziehend ist, zum Beispiel für das Bedürfnis nach Sicherheit, Fürsorge und einen vertrauensvollen Umgang.

Venus steht mit den Idealen des Mannes über Liebe, Sexualität und Beziehungen in Verbindung. Im Horoskop des Mannes bedeutet sie jedoch nicht die sexuelle Energie – diese wird von Mars symbolisiert. Bei Frauen sind jedoch sowohl Mars als auch Venus wichtige Komponenten der sexuellen Natur, die zusammenwirken und nicht so leicht zu unterscheiden sind, wie es bei Männern meistens der Fall ist.

Venus in den Feuerzeichen:

- *Liebe und Anerkennung*
  werden direkt und mit großer Intensität zum Ausdruck gebracht
- *Fühlt Liebe und Nähe zu anderen*
  durch Beteiligung an spontanen gemeinschaftlichen Aktivitäten und Bestrebungen

Venus in den Erdzeichen:

- *Liebe und Anerkennung*
  kommen auf berechenbare und deutlich wahrnehmbare Weise zum Ausdruck
- *Fühlt Liebe und Nähe zu anderen*
  durch Eingehen von Verpflichtungen, gemeinschaftliche Lebensführung und Verantwortung sowie durch sinnlichen Genuß

Venus in den Luftzeichen:

- *Liebe und Anerkennung*
  kommen durch intensive intellektuelle Kommunikation und einen Sinn für Freundschaft zm Ausdruck
- *Fühlt Liebe und Nähe zu anderen*
  durch verbalen Austausch, Geistesverwandtschaft sowie harmonische Geselligkeit

Venus in den Wasserzeichen:

- *Liebe und Anerkennung*
  werden durch Emotionen zum Ausdruck gebracht
- *Fühlt Liebe und Nähe zu anderen*
  durch den Austausch von Gefühlen und subtilen Empfindungen, die ein tiefes Gefühl des Verschmelzens zur Folge haben

♂ *Mars*

Das Mars-Element zeigt, welche Art der Erfahrung und welche Aktivitäten unsere physische Energie stimulieren und mit welcher Energie wir uns zu behaupten versuchen. Dieses Element symbolisiert, wie wir unser Bedürfnis nach physischer Erregung erfüllen, wie wir unsere aggressiven Kräfte zum Ausdruck bringen und unsere Stärke beweisen können. Es zeigt, wie wir vorgehen, um zu bekommen, was wir wollen: *Mars in einem Luftzeichen* benutzt seine Überredungskunst; *Mars in einem Feuerzeichen* arbeitet mit Unternehmungsgeist und Macht; *Mars in einem Erdzeichen* geht mit Kompetenz und Geduld vor, und *Mars in einem Wasserzeichen* zeigt Intuition, Schlauheit und eine zähe Beharrlichkeit.

Beim Mann zeigt Mars, welches Bild er von sich selbst hat hinsichtlich seiner Kraft, seiner Selbstbehauptung und seiner Sexualität. Mars symbolisiert, wie der Mann seine Kraft in einer sexuellen Beziehung einsetzt, und wie er seine Männlichkeit zum Ausdruck bringt in allen Bereichen, die mit Führung und Initiative zu tun haben – Mars steht mit dem «männlichen Ich» in Verbindung.

Im weiblichen Horoskop symbolisiert dieser Planet ebenfalls das Bild der Männlichkeit; er zeigt, welche romantischen und aufregenden Vorstellungen die Energien der Frau anregen und ihr helfen, sich selbst zum Ausdruck zu bringen. Das Zeichen und die Aspekte des Mars sind oft der Schlüssel dafür, welche Art von Mann eine Frau anziehend findet.

Mars in den Feuerzeichen:

- *Behauptet sich*
  durch direktes physisches Handeln, durch Initiative und eine Energieausstrahlung von hoher Intensität
- *Die physische Energie*
  wird durch ständige Aktivität, Zuversicht, Begeisterung und dynamisches Handeln stimuliert

Mars in den Erdzeichen:

- *Behauptet sich*
  durch konkrete Leistungen, die Geduld und Ausdauer verlangen
- *Die physische Energie*
  wird durch harte Arbeit, Selbstdisziplin, Herausforderungen und Pflichten stimuliert

Mars in den Luftzeichen:

- *Behauptet sich*
  durch den Ausdruck seiner Gedanken, durch lebhafte Kommunikation und starke Phantasie
- *Die physische Energie*
  wird durch geistige Herausforderungen, gesellschaftliche Aktivitäten, Beziehungen und neue Ideen stimuliert

Mars in den Wasserzeichen:

- *Behauptet sich*
  durch Beharrlichkeit und Emotionalität, und indem er an die tieferen Gefühle und Bedürfnisse der anderen appelliert
- *Die physische Energie*
  wird durch tiefe Sehnsüchte, das Gefühl, von anderen gebraucht zu werden, durch feine Intuition und die Intensität der emotionalen Erfahrung stimuliert

♃ *Jupiter*

Das Jupiter-Element zeigt, welche Art von Erfahrungen und Aktivitäten eine innere Zuversicht und Vertrauen zu uns selbst zur Folge haben. Wir erfahren Wohlbehagen beziehungsweise ein schützendes Gefühl der Einheit mit einer größeren Macht oder einem größeren Plan, wenn wir auf der Ebene arbeiten, die das Jupiter-Element anzeigt. Wenn wir die Energie dieses Elementes zum Ausdruck bringen, ergeben sich für uns Gelegenheiten. Wir kommen dann in Kontakt mit unserem Reservoir natürlich fließender Vitalität und stärken unsere Gesundheit.

Jupiter in den Feuerzeichen:

- *Eine zuversichtliche Haltung*
  stellt sich ein, wenn man aus sich herausgeht, begeistert, selbstbewußt und physisch aktiv ist
- *Günstige Gelegenheiten*
  ergeben sich, wenn man sich Neuerungen aufgeschlossen zeigt

Jupiter in den Erdzeichen:

- *Eine zuversichtliche Haltung*
  stellt sich ein, wenn man sich auf das Praktische und die konkreten Erfahrungen verläßt
- *Günstige Gelegenheiten*
  stellen sich ein, wenn man hart arbeitet, Verantwortung übernimmt und sich auf die Außenwelt einstimmt

Jupiter in den Luftzeichen:

- *Eine zuversichtliche Haltung*
  stellt sich ein, wenn neuen Ideen und gesellschaftlichen Entwicklungen Aufmerksamkeit geschenkt wird und beständig neue Kontakte gesucht werden

- *Günstige Gelegenheiten*
  ergeben sich, wenn man seinen Ideen mit Enthusiasmus Ausdruck verleiht und sich mit anderen über eine Vision austauscht

Jupiter in den Wasserzeichen:

- *Eine zuversichtliche Haltung*
  stellt sich ein durch tiefe emotionale Erfahrungen und eine sowohl mitleids- als auch phantasievolle Denkweise
- *Günstige Gelegenheiten*
  ergeben sich, wenn man anderen gegenüber sensibel und fürsorglich ist und intuitiv inneren Sehnsüchten folgt

♄ *Saturn*

Das Saturn-Element weist im Horoskop im allgemeinen auf eine Herausforderung hin; man ist bestrebt, die durch das Element näher bestimmte Erfahrungsebene angstfrei voll und ganz anzunehmen. Angst erwächst hier oft aus einem alten Lebensmuster, das schließlich unerträglich starr und bedrückend geworden ist. Die mit diesem Muster in Verbindung stehende Vorsicht und Disziplin können auch weiterhin für unsere Entwicklung von Nutzen sein, wenn sie als motivierende Kraft für diesen Lebensbereich angesehen werden.

Das Saturn-Element zeigt, wo wir zu Hemmungen neigen und wo unsere Energie blockiert und eingeschränkt ist. Zu diesen inneren Blockaden ist es gekommen, weil diese Erfahrungsebene vom Einzelnen zu wichtig genommen wurde, woraus eine verkrampfte Einstellung resultierte. Wenn wir diese Energie überbetonen oder ihr auszuweichen und sie zu verdrängen suchen, führt das zu einer Einschränkung des natürlichen Energieflusses.

Saturn in den Feuerzeichen:

- *Muß*
  seine Persönlichkeit stabilisieren, seine kreative Energie mit Disziplin zum Ausdruck bringen und dabei einen gewissen Abstand aufbauen
- *Sollte*
  sich um einen freieren Selbstausdruck bemühen, der sowohl Enthusiasmus als auch Pflichtbewußtsein umfaßt

Saturn in den Erdzeichen:

- *Muß*
  bei der Arbeit und in der Wahrnehmung seiner täglichen Pflichten Leistungsfähigkeit und Genauigkeit beweisen
- *Sollte*
  sich um das Bestehen in der physischen Welt und um eine systematische Vorgehensweise bemühen

Saturn in den Luftzeichen:

- *Muß*
  das Denkvermögen disziplinieren, ohne aber in Negativität zu verfallen
- *Sollte*
  sich im Umgang mit anderen um Klarheit und Sachlichkeit bemühen und gesellschaftlichen bzw. sozialen Verpflichtungen mit Ernst und gleichzeitig einem gewissen Abstand nachkommen

Saturn in den Wasserzeichen:

- *Muß*
  gegenüber seinen Emotionen und Empfindlichkeiten durch eine gewisse Distanz und Losgelöstheit eine festere Haltung entwickeln
- *Sollte*
  sich darum bemühen, seine Gefühlsäußerungen zu akzeptieren, ohne aber überempfindlich zu reagieren

Uranus, Neptun und Pluto in den Elementen

Für das Verständnis eines Geburtshoroskop ist es von eher untergeordneter Bedeutung, in welchem Element die drei äußeren Planeten stehen. Jeder dieser drei Planeten verbleibt einige Jahre im selben Element (beziehungsweise Zeichen), weshalb aus einem derart allgemeinen Faktor nur eine geringe persönliche Bedeutung abgeleitet werden kann. Die sich über Jahre erstreckende Betonung eines Elementes durch die äußeren Planeten ist wegen ihrer weltweiten Auswirkung in erster Linie zur Erhellung von Generationsunterschieden und gesellschaftlichen Veränderungen von Interesse.

KAPITEL 5

DIE PLANETEN IN DEN ZEICHEN

Tierkreiszeichen und Schlüsselbegriffe

Element/ Zeichen	*Symbol*	*Schlüsselbegriffe*	*ein Planet in diesem Zeichen wird wie folgt geprägt*
Feuer **Widder** kardinal	♈	dynamische Energiefreisetzung, die auf neue Erfahrungen abzielt	egozentrierter Tätigkeitsdrang; Selbstbehauptung (bis zur Anmaßung)
Feuer **Löwe** fix	♌	beständige, loyale Herzlichkeit; von strahlender Wesensart	Stolz und Drang nach Anerkennung; Gefühl für Dramatik
Feuer **Schütze** beweglich	♐	von rastlosem Streben nach einem Ideal angetrieben	Überzeugungen, Verallgemeinerungen, Ideale
Erde **Jungfrau** beweglich	♍	Besccheidenheit, spontane Hilsbereitschaft; will einen Dienst leisten	Perfektionismus, Analyse, feines Unterscheidungsvermögen
Erde **Stier** fix	♉	scharfe Wahrnehmungen bezüglich konkreter physischer Vorgänge	Beständigkeit; Neigung zum Festhalten und Bewahren; Besitzgier

Erde **Steinbock** kardinal	♑	überpersönliches Pflichtgefühl	Selbstbeherrschung, Vorsicht und Ergeiz
Luft **Waage** kardinal	♎	Harmonisierung von Gegensätzen zur eigenen Vervollkommnung	Unvoreingenommenheit, Ausgeglichenheit, Taktgefühl
Luft **Wassermann** fix	♒	Menschen und Konzepte zusammenbringen	individuelle Freiheit, Radikalität
Luft **Zwillinge** beweglich	♊	Erkennen von und Reflektieren über Beziehungen	Freundlichkeit, Redseligkeit; immer auf der Suche nach dem Neuen
Wasser **Krebs** kardinal	♋	instinktive Fürsorge und beschützendes Einfühlungsvermögen	Empfindsamkeit, Launenhaftigkeit, Zurückhaltung, Selbstschutz
Wasser **Skorpion** fix	♏	durchdringende emotionale Kraft	kontrollierte Leidenschaft, zwanghaftes Verlangen, Tiefe, Heimlichkeit
Wasser **Fische** beweglich	♓	heilendes Mitgefühl für alles Leidende	Sehnsüchte, Idealismus, Inspiration, in etwas aufgehen, Verletzlichkeit

Funktion der Planeten in den Zeichen

Sonne:	wie man ist (welches Bewußtsein, welche Haltung man hat); wie man das Leben erfährt und wie man die eigene Individualität zum Ausdruck bringt	*Sonne, Mond, Merkur, Venus und Mars werden als die «persönlichen Planeten» bezeichnet*
Mond:	wie man aufgrund seiner unbewußten Veranlagung reagiert	
Merkur:	wie man denkt und mit anderen in Verbindung tritt	
Venus:	wie man Zuneigung äußert und von sich selbst gibt; in welchen Zusammenhängen man sich angenommen fühlt	
Mars:	wie man sich behauptet und Wunschvorstellungen zum Ausdruck bringt	
Jupiter:	wie man nach Wachstum streben, an sich arbeiten und Vertrauen dem Leben gegenüber erfahren kann	*Diese Planeten stellen ein gegensätzliches Paar dar; sie fungieren als Brücke zwischen den unmittelbar persönlichen und den übergeordneten gesellschaftlichen Angelegenheiten*
Saturn:	die Bestrebungen, sich durch eigene Anstrengungen zu etablieren und das Erreichte zu bewahren	
Uranus, Neptun, Pluto:	Die Zeichenpositionen von Uranus, Neptun und Pluto weisen auf Eigenschaften hin, die für Generationen gelten. Im individuellen Horoskop sind diese Zeichen von geringerer Bedeutung; wichtiger ist, in welchen Häusern sie stehen und an welchen Aspekten sie beteiligt sind	*Diese drei äußeren Planeten verkörpern den Ursprung tiefgründiger Veränderungen; sie können als Planeten oder «Energien der Transformation» bezeichnet werden*

Die Sonne in den Zeichen – Interpretations-Richtlinien

Die Zeichenposition der Sonne:

Wie man ist (welches Bewußtsein, welche Haltung man hat); wie man das Leben erfährt und wie man die eigene Individualität zum Ausdruck bringt

Sonne im Widder

- strahlt Kraft, Zuversicht und Vitalität aus
- versucht sein Bedürfnis nach Anerkennung sowohl durch Selbstbestätigung als auch wettbewerbsorientierte Handlungen zu befriedigen
- die eigene Persönlichkeit muß vollständig zum Ausdruck gebracht werden
- sieht sich als Forscher, Pionier oder Abenteurer; erfaßt schnell das Wesentliche
- kann sich durch den betonten Selbstausdruck andere zum Feind machen

Sonne im Stier

- Vitalität entsteht durch Wahrnehmungen und Empfindungen, die auf materielle, irdische Dinge gerichtet sind
- sucht Anerkennung für seine Verläßlichkeit und für seine Leistungsfähigkeit
- Kreativität bringt konkrete Resultate wie Geld oder andere Reichtümer
- Stolz auf Besitztümer und die eigene Beständigkeit
- Unentschiedenheit und mangelnde Flexibilität in bezug auf Veränderungen können den Ausdruck der Persönlichkeit beeinträchtigen

Sonne in den Zwillingen

- die schöpferische Energie wird auf Wahrnehmungen, den Erwerb von Wissen und das Auffinden von Verbindungen zwischen den einzelnen Details gerichtet
- hat das Bedürfnis, sich verbal zum Ausdruck zu bringen und für intellektuelle Fähigkeiten Anerkennung zu erhalten
- strahlt eine wechselhafte, verbal bzw. mental orientierte Energie aus
- unkonventionelles Denken sowie eine Vielfalt sozialer Kontakte sind für den vollen Selbstausdruck notwendig
- viele verschiedene Interessen verhindern große Leistungen in *einem* Bereich

Sonne im Krebs

- erlebt Stärke durch fürsorgliche, empfindsame, mütterliche Eigenschaften
- instinktives Bedürfnis, das eigene Ego zu schützen; errichtet einen Schlupfwinkel für das innere Selbst, von wo aus es sicher ausstrahlen kann
- Vitalität und schöpferische Energie sind stimmungsabhängig und schwanken deshalb in ihrer Intensität
- schöpferischer Selbstausdruck durch Emotionen; will für seine Sensitivität anerkannt werden
- das Persönlichkeitsgefühl kommt am deutlichsten in einer familiären bzw. geschützten Umgebung oder Situation zum Ausdruck

Sonne im Löwen

- von strahlender Wesensart; möchte ständig beachtet werden
- die schöpferische Energie wird von einem Gefühl für Dramatik und Erhabenheit gefärbt
- will für seine Großzügigkeit anerkannt werden
- zuversichtliche und ermutigende Ausstrahlung; bringt Leben in jede Unternehmung
- Stolz als vorherrschende Eigenschaft der Persönlichkeit; tief empfundene Emotionen, die aber nicht einer gewissen Naivität entbehren

Sonne in der Jungfrau

- geht mit schöpferischer Energie auf analytische Weise um; Scharfblick und Unterscheidungsvermögen
- wird vom Bedürfnis motiviert, nützlich zu sein
- angezogen von ethischen Werten; Dienstbereitschaft sowie Wunsch nach Selbstvervollkommnung
- Intelligenz und klar umrissene Vitalität
- Bescheidenheit und Anspruchslosigkeit können der Anerkennung durch die Öffentlichkeit entgegenstehen

Sonne in der Waage

- die schöpferische Energie wird auf zwischenmenschliche Beziehungen und auf die Propagierung neuer Ideen gerichtet
- möchte für Unvoreingenommenheit, Fairness, Freundlichkeit und den Ausgleich zwischen gegensätzlichen Energien Anerkennung finden
- strahlt gesellige, taktvolle, intellektuelle Vitalität sowie ein feines Schönheitsempfinden aus
- fühlt sich aufgerufen, in seinen Beziehungen und in der ganzen Lebensweise harmonische Verhältnisse zu schaffen
- das Gefühl für die eigene Individualität kann durch zu starkes Eingehen auf andere beeinträchtigt werden

Sonne im Skorpion

- konzentrierte emotionale Kraft resultiert aus schöpferischer Energie; sie durchdringt auf intuitive Weise die Oberfläche der Erfahrung
- die transformierende Energie zur Reformierung bestehender Zustände sehnt sich nach intensiven (oftmals sexuell geprägten) Beziehungen
- will mit dem innersten Kern menschlicher Erfahrung in Berührung kommen und das Gefühl des Verschmelzens erleben
- Vitalität steht mit einem permanenten inneren – manchmal zur Besessenheit werdenden – Verlangen in Verbindung
- der schöpferische Ausdruck kann durch emotionale Fixierungen, Verschlossenheit und übermäßige Selbstkontrolle beeinträchtigt werden

Sonne im Schützen

- schöpferische Energie resultiert aus Idealen und Bestrebungen, die auch anderen zugute kommen sollen
- das Gefühl der Individualität wird von den eigenen Überzeugungen und von einer optimistischen Weltanschauung geprägt
- schätzt geistige und körperliche Beweglichkeit
- strahlt Freundlichkeit, Offenheit und Aufrichtigkeit aus; ist von großzügigem und anteilnehmendem Wesen
- möchte für sein rechtschaffenes Wesen anerkannt werden; zu hohe Maßstäbe können zu Intoleranz und Gefühllosigkeit gegenüber anderen führen

Sonne im Steinbock

- die schöpferische Energie ist von Selbstbeherrschung, Vorsicht und Festhalten am Überlieferten geprägt
- legt großen Wert auf harte Arbeit, Autorität und Leistung
- muß zielstrebig und diszipliniert auf ein genau definiertes Ziel hinarbeiten, um sich voll zum Ausdruck bringen zu können
- das Eingehen von Verpflichtungen trägt zum Wohlbefinden und zur Leistungsfähigkeit bei
- der schöpferische Ausdruck kann durch eine pessimistische oder zynische Haltung oder zu viel Rücksicht auf die Außenwelt erstarren

Sonne im Wassermann

- die schöpferische Energie ist – meistens auf innovative Weise – auf das gesellschaftliche Wohlergehen und auf theoretische Konzepte gerichtet
- strahlt eine freundliche – oftmals mit gewissen radikalen Zügen behaftete –, am Menschen orientierte mentale Energie aus
- der Seins- und Schöpferdrang wird durch Freiheit, Exzentrik und Experimentieren geprägt
- Interesse am Menschen und am Intellekt; sucht das «Richtige» oder «Wahre»
- der Ausdruck der Persönlichkeit kann durch zu große Bescheidenheit, zuviel übernommene Pflichten oder ein zielloses Aufbegehren beeinträchtigt werden

Sonne in den Fischen

- schöpferische Energie kommt auf sensible und inspirierte Weise zum Ausdruck
- möchte für seine mitleidsvolle, gebende Natur anerkannt werden
- das überaus starke Einfühlungsvermögen für das Leben und die Probleme anderer Menschen stehen dem Ausdruck der Persönlichkeit mitunter im Wege
- strahlt eine heilende und mitleidsvolle Einstellung allen Leidenden gegenüber aus
- Lebenskraft und Selbstausdruck werden von den Sehnsüchten der Seele, einer überwältigenden Verletzlichkeit und dem Zustand des inneren Lebens geprägt

Der Mond in den Zeichen – Interpretations-Richtlinien

Die Zeichenposition des Mondes:

Wie man aufgrund seiner unbewußten Veranlagung reagiert.

Mond im Widder

- reagiert aggressiv, ungestüm, direkt und wettbewerbsorientiert
- muß sich selbst beweisen, um sich emotional sicher und gut zu fühlen
- zuversichtliches, handlungsorientiertes Selbstgefühl, das auf neue Erfahrungen ausgerichtet ist
- reagiert auf Erlebnisse und die Umgebung mit zielgerichteter Energiefreisetzung
- Aggressivität kann das Erreichen von Sicherheit verhindern

Mond im Stier

- reagiert verhalten; inneres Gleichgewicht und Stabilität beim Wirken in der Außenwelt
- innere Zufriedenheit resultiert aus Warten, Muße, Naturverbundenheit

- verströmt sich in physischen Empfindungen; kostet die emotionalen Freuden des Sich-Nahseins und des Augenblicks voll aus
- das innere Wesen verändert sich nur langsam; behält Verhaltensmuster über einen langen Zeitraum bei, die zu Starrsinn oder auch Trägheit führen können
- fühlt sich sicher in gleichbleibenden oder vorhersehbaren Situationen; empfindet sinnliche Anregungen jeglicher Art als angenehm
- zu starke Orientierung auf Besitztümer, Sicherheit und Kontrolle kann den Fluß der Emotionen hemmen

Mond in den Zwillingen

- verfügt über gutes Wahrnehmungsvermögen und rasche Reaktionen, Flexibilität und Neugierde
- fühlt sich sicher, wenn es eine Vielzahl mentaler Anregungen gibt; will sich stets mehr als einer Aktivität widmen
- reagiert mit dem Intellekt auf Veränderungen; versucht Verbindungen herzustellen
- tauscht sich mit anderen über das innere emotionale Leben aus; muß Gefühle verbalisieren, um sich anderen nah zu fühlen
- das Gefühl der Sicherheit kann erschüttert werden, wenn die emotionale Energie in viele Richtungen zerstreut ist

Mond im Krebs

- reagiert sensibel (auch überempfindlich) und beschützend sich selbst und anderen gegenüber
- fühlt sich sicher, wenn er umsorgt wird oder andere umsorgen kann
- hat ein angeborenes Gefühl für die Wahl des richtigen Zeitpunktes; fähig, Eingebungen und emotionale Feinheiten wahrzunehmen
- außerordentlich sensibel gegenüber Stimmungen und Reaktionen anderer Menschen; oftmals abhängig von den eigenen Launen
- versucht auf manchmal übertriebene Weise, Emotionen abzuschirmen; Gefühle aus der Vergangenheit werden für immer bewahrt – sie prägen die Haltung gegenüber gegenwärtigen Situationen

Mond im Löwen

- reagiert mit warmer Anteilnahme, Enthusiasmus und Großzügigkeit
- emotionale Sicherheit resultiert aus Stolz und Selbstvertrauen
- strahlt schöpferische Energie in seine Umgebung aus; kann andere unterstützen und ermutigen
- verfügt über eine mitunter theatralisch anmutende Lebenseinstellung; schafft Situationen und setzt seinen Humor ein, um andere zu unterhalten
- Optimismus und eine kindlich-naive Schaffensfreude bestimmen Selbstbild und Handlungen
- der der Umwelt übermittelte Stolz kann sich störend auf die eigene Aufnahmefähigkeit auswirken

Mond in der Jungfrau

- reagiert auf alle Reize mit praktischer Anpassung
- unterwirft alle Erfahrungen einer Analyse; braucht eine geordnete Umgebung, um sich wohlzufühlen
- bemüht sich um angemessene emotionale Reaktionen
- Hilfsbereitschaft trägt bei zu einem positiven Selbstbild und der Überwindung der angeborenen Neigung zu Schuldgefühlen und Selbstzweifeln
- fühlt sich sicher durch die Analyse der physischen und emotionalen Welt; bemüht sich um konkret nutzbare Verbesserungen
- die übermäßige Zergliederung von Gefühlen kann eine angemessenen Reaktion behindern

Mond in der Waage

- reagiert auf die Umgebung und alle Erfahrungen mit einem gewissen Abstand und mit Fairneß
- denkt, bevor er handelt; zieht alle Seiten einer Situation in Erwägung, was zu Unentschlossenheit führen kann
- muß für sein emotionales Gleichgewicht Gegensätze in Harmonie bringen; bemüht, zu gefallen und den Standpunkt der anderen zu erkennen
- fühlt sich sicher, wenn er enge Beziehungen eingeht; möchte nicht über einen längeren Zeitraum allein sein

- ein überfreundliches Verhalten und der Wunsch, beliebt zu sein, können emotionale Spontanität und wahre Nähe verhindern

Mond im Skorpion

- intensive, leidenschaftliche, aber kontrollierte emotionale Kraft
- komplexe, turbulente Gefühlswelt; die Einstellung zum Leben wird manchmal von negativen Emotionen untergraben, manchmal von der Leidenschaft für ein Ziel bestärkt
- Charisma und geheimnisvolle Wesensart resultieren aus Verschlossenheit und aus der Tiefe des Gefühls
- die tiefe und durchdringende Erkenntnis bedeutet ein Verständnis menschlicher Beweggründe
- erfährt Stärkung durch den Austausch intensiver emotionaler Energie
- die Angst, verletzt zu werden oder die Beherrschung zu verlieren, kann zu emotionaler Verdrängung führen

Mond im Schützen

- enthusiastische und idealistische Reaktionen auf der Basis von Überzeugungen und einer Weltanschauung
- empfindet innere Zufriedenheit, wenn Ideale verfolgt oder propagiert werden
- philosophische Neugier; großzügige, tolerante, heitere Lebenseinstellung

- fühlt sich wohl, wenn er Dinge erforscht, reist, sich im Freien aufhält; liebt das Gefühl der Freiheit
- die Fixierung auf emotionale Überzeugungen kann eine gewisse Einfältigkeit, eine prätentiöse Salbaderei, Arroganz oder Fanatismus bedeuten

Mond im Steinbock

- reagiert mit Selbstbeherrschung und Entschlossenheit; manchmal automatisch negative Reaktionen
- will die Außenwelt lenken, um sich sicher und wohlzufühlen und um seine Ziele zu erreichen; kann persönliche Angelegenheiten zugunsten der Pflichterfüllung zurückstellen
- reagiert auf Erfahrungen auf beherrschte Weise; projiziert seine autoritative, entschlossene Energie mit Vorsicht
- fühlt sich wohl in der Rolle des Versorgers und Beschützers; übernimmt gewohnheitsmäßig die Kontrolle über eine Situation
- das Bedürfnis, zu führen bzw. eine Autorität sein zu wollen, kann Intimität und emotionale Fürsorge einschränken

Mond im Wassermann

- reagiert unberechenbar, exzentrisch, unvoreingenommen und mit einem gewissen Abstand
- fühlt sich sicher, wenn er seine Gedanken und sein Wesen frei zum Ausdruck bringen und sich mit Neuerungen beschäftigen kann

- die Individualität beruht auf der emotionalen Erkenntnis, ein einzigartiges, sozial bewußtes und altruistisches Wesen zu sein
- braucht den gesellschaftlichen Austausch, um sich emotional im Gleichgewicht zu fühlen
- bestärkt andere, indem er sie zur Freiheit ermutigt; fühlt sich bestätigt, wenn diese Freiheit auf ihn zurückfällt
- das Bedürfnis, emotional unabhängig zu sein, kann eine Verkennung der eigenen Gefühle und der Empfindungen anderer bedeuten

Mond in den Fischen

- reagiert sensibel, mitfühlend, idealistisch und ausweichend
- Zeiten mit vielen Tagträumen helfen, emotionale Ruhe zu finden
- braucht das Gefühl des Einsseins mit der Welt und dem Universum, um sich sicher und wohlzufühlen
- stärkt andere durch heilsames Mitgefühl und Zuneigung; fühlt sich sicher, wenn er der Menschheit oder einem spirituellen Ideal dient
- die Empfindungen über sich selbst sind nebulös, was die Selbsterkenntnis und das Selbstvertrauen hemmen kann
- vermag sich veränderten Situationen leicht anzupassen; Zufriedenheit entsteht durch Geben und/oder die Überwindung der Persönlichkeit und ihrer Ängste

Merkur in den Zeichen – Interpretations-Richtlinien

Die Zeichenposition des Merkur:

Wie man denkt und mit anderen in Verbindung tritt

Merkur im Widder

- selbstbewußte, intensive und vertrauensvolle Art der Kommunikation
- der intensiven Art zu sprechen und dem schöpferischen Einsatz von Fähigkeiten liegt ein rastloser Aktionsdrang zugrunde
- braucht Auseinandersetzungen und kraftvolle Energiefreisetzung, um zu lernen; erfaßt intuitiv das Wesentliche
- neue Erfahrungen beeinflussen das Urteilsvermögen und setzen starke Energien frei; kühne neue Gedanken üben eine starke Anziehungskraft aus
- eine unsensible und unüberlegte Selbstdarstellung kann den Austausch mit anderen behindern

Merkur im Stier

- bedachtsamer Austausch mit anderen; schwerfälliger Ausdruck
- das Bedürfnis, langsam und mit Bedacht zu lernen, kann die Wahrnehmungsfähigkeit begrenzen
- die solide und zuverlässige Denkungsart vermag Ideen zu konsolidieren bzw. «von Himmel auf die Erde zu holen»
- hat den Drang, seine konkreten Wahrnehmungen zum Ausdruck zu bringen; kostet seine Worte beim Sprechen aus
- eine Abneigung gegen freie und spontane Selbstäußerungen beschränkt das Bedürfnis, mit anderen Verbindungen anzuknüpfen

Merkur in den Zwillingen

- der Austausch mit anderen erfolgt auf intelligente, kompetente und manchmal oberflächliche Art und Weise
- hat den Drang, Wahrnehmungen sogleich zum Ausdruck zu bringen
- lernt, indem er Verbindungen zwischen Menschen und Ideen herstellt
- sich durch freundliches Interesse an anderen und endlosen Fragen manifestierendes, flexibles, neugieriges Denken
- das Sprechen, Schreiben oder andere Formen manueller oder mentaler Fertigkeiten können einen hohen Grad nervöser Energie aufweisen

Merkur im Krebs

- emotionaler, sensibler und instinktgeprägter Austausch mit anderen; schützt seine eigenen Gedanken
- lernt durch Absorption; verläßt sich bei der Verknüpfung von Informationen auf sein Gefühl
- unterstützt neue Ideen und bringt sie zur kreativen Reife
- ein gutes Gedächtnis und die Eigenschaft des Bewahrens tragen zum Erwerb von Fähigkeiten bei
- unterbewußte Vorurteile und Ängste können einer objektiven Einstellung und Aufgeschlossenheit für neue Ideen im Wege stehen

Merkur im Löwen

- enthusiastische, strahlende und stolze Art zu kommunizieren
- will Verbindungen eingehen aus dem Bedürfnis, Herzlichkeit, Zuneigung und seinen starken Willen zum Ausdruck zu bringen
- der Austausch mit anderen wird von Dramatik, Humor und einem kreativen Flair geprägt
- Stolz und der Drang nach Anerkennung lösen den Wunsch aus, die Wahrnehmungen zum Ausdruck zu bringen
- braucht kreative Beschäftigungen, um zu lernen; eher von intuitiver als von logischer Denkungsart
- wenn das Ego in den Denkprozeß verwickelt ist, kann das die Objektivität, die Flexibilität sowie das Bewahren der Gedanken beschränken

Merkur in der Jungfrau

- der Austausch mit anderen ist geprägt von Logik, Kritik, Hilfsbereitschaft und Bescheidenheit sowie in manchen Fällen von Negativität und Skeptizismus
- es besteht der Drang, Wahrnehmungen als Tatsachen hinzustellen und Gelegenheiten zu benutzen, analytische Fähigkeiten zu demonstrieren
- differenziert und bringt Fakten in eine logische Reihenfolge, um zu lernen
- hilfreiche und praktikable Ideen unterstützen die Fähigkeit, mit anderen in Verbindung zu treten
- eine zu große Aufmerksamkeit für Details kann der Übersicht mit den Zwischenverbindungen und komplexen Zusammenhängen im Wege stehen

Merkur in der Waage

- geht im Austausch mit anderen auf intelligente und diplomatische Weise und mit Eleganz vor
- will seine Wahrnehmungen auf faire, objektive und gefällige Art und Weise zum Ausdruck bringen und Gegensätze harmonisieren
- muß sich unparteisch und taktvoll verhalten,um neue Beziehungen zu begründen
- das Bedenken aller Standpunkte kann die Enscheidungsfähigkeit behindern
- der verbale Ausdruck wird von einem Sinn für Ästhetik geprägt

- sucht im Austausch mit anderen Unbefangenheit und Takt sowie Ausgeglichenheit und Objektivität; braucht Feedback für seine Ideen, um sich über diese klar zu werden

Merkur im Skorpion

- intensive und leidenschaftliche (oftmals nonverbale) Art des Austausches; durch Kommunikation können tiefe, intime Bande geknüpft werden
- der Drang nach verbalem Ausdruck kommt aus den Tiefen des eigenen Wesens; dieser ist niemals oberflächlich
- will durch das Vordringen zum Kern der Realität lernen; erforscht alles sehr gründlich und ist am Aufdecken vom Geheimnisvollen interessiert
- objektive Erkenntnis kann durch die überspannte, eigensinnige und emotionale Natur des Denkvermögens behindert werden
- starkes Verlangen, tiefe Leidenschaft und der Drang, die verborgenen Motive anderer zu entdecken, bestimmen den Einsatz von Fähigkeiten und Intelligenz
- die Fähigkeit, mit anderen Verbindungen anzuknüpfen, kann durch das Bedürfnis nach Geheimniskrämerei und Stille beschränkt werden

Merkur im Schützen

- tritt mit anderen auf offene, optimistische und tolerante Art in Verbindung
- das Lernbedürfnis drückt sich durch rastloses Streben für ein Ideal aus
- das Denken und Urteilen wird eher von langfristigen Zielen als von konkreten Einzelheiten des Alltags bestimmt
- will das Gelernte an andere weitergeben; Lernen und Lehren werden in einer engen Beziehung gesehen
- sucht den direkten, aufrichtigen und von Toleranz geprägten Kontakt zu anderen
- aus idealistischen Bestrebungen resultierende Verallgemeinerungen können die Klarheit des Denkens trüben

Merkur im Steinbock

- ernsthafte und vorsichtige Art zu kommunizieren; denkt manchmal in starren Kategorien und bringt ein Gefühl für Autorität zum Ausdruck
- kommt dem Lernbedürfnis mit Ausdauer und Ehrgeiz nach; erzielt ständig Fortschritte
- will seine Wahrnehmungen und Intelligenz durch Wirken in der Außenwelt zum Ausdruck bringen; muß aus Theorien praktische Ergebnisse gewinnen
- Reserviertheit, Förmlichkeit und einzelgängerisches Verhalten können den Umgang mit anderen hemmen

- Vernunft und Urteilsfähigkeit werden für die konkreten Ziele eingesetzt; das starke Realitätsbewußtsein kann dazu führen, daß man sich eher auf Beschränkungen als auf Möglichkeiten konzentriert

Merkur im Wassermann

- pflegt einen offenen und idealistischen, von Intelligenz und einem gewissen Abstand geprägten Umgang mit anderen
- möchte zu anderen einzigartige Verbindungen schaffen, mit jedem Menschen auf individuelle Weise in Beziehung treten, ohne aber den Prozeß der Gruppenkommunikation außer acht zu lassen
- der Wunsch, Wahrnehmungen und Intelligenz zum Ausdruck zu bringen, ist vom Bedürfnis nach individueller Freiheit und oftmals von radikalen Zügen geprägt
- denkt auf experimentelle und innovative Weise, testet Theorien an anderen; ist zukunftsorientiert, erkundet gerne Veränderungsmöglichkeiten
- Unabhängigkeit, Einfallsreichtum und objektive Intelligenz unterstützen den Lernprozeß
- das Herstellen von Beziehungen zwischen unzusammenhängenden Fakten kann einen sprunghaften, unberechenbaren Ausdruck von Ideen bedeuten

Merkur in den Fischen

- im Umgang mit anderen sensibel, idealistisch, poetisch, schwer faßbar, phantasievoll
- Mitgefühl motiviert dazu, Intelligenz und Wahrnehmungen auf verständnisvolle Weise auszudrücken
- tritt mit anderen auf psychische und spirituelle Weise in Verbindung; Beziehungen spielen sich auf mehr als einer Ebene ab
- die verbale Energie wird von Flexibilität und der Kraft der Synthese angeregt
- der Verstand und das Urteilsvermögen können von Verwirrung, Tagträumen und Selbstbetrug umwölkt sein

Venus in den Zeichen – Interpretations-Richtlinien

Die Zeichenposition der Venus:

Wie man Zuneigung äußert und von sich selbst gibt; in welchen Zusammenhängen man sich angenommen fühlt

Venus im Widder

- bringt Liebe und Zuneigung auf spontane, impulsive und mitreißende Art zum Ausdruck
- empfindet emotionale Freuden, wenn sich neue Erfahrungen ergeben; genießt besonders die ersten Stadien einer Beziehung
- die starke Selbstbehauptung und die anspruchsvolle Wesensart können wirkliche Nähe bzw. Intimität verhindern
- schätzt Individualität, Initiative und Unabhängigkeit bei sich und bei anderen
- ist voller Tatendrang und fühlt sich von energischen Persönlichkeiten angezogen

Venus im Stier

- bringt Liebe und Zuneigung auf unmittelbar spürbare, herzliche, beständige und besitzergreifende Weise zum Ausdruck
- gibt von seinen inneren Reichtümern; reagiert auf sinnliche, aus dem tiefsten Inneren kommende Energie von anderen
- Besitzgier oder der Wunsch, die Kontrolle über die Gefühle zu behalten bzw. eine Art emotionaler Geiz können dem Bedürfnis, Liebe und Zuneigung zu geben, entgegenstehen
- schätzt die physischen Empfindungen Sehen, Hören, Riechen, Schmecken und Berühren; genießt die Verbindung zur Natur
- schätzt materielles Wohlergehen, Luxus und schöne Gegenstände

Venus in den Zwillingen

- bringt Liebe und Zuneigung auf verbale und leichte, spielerische Weise und mit Klugheit zum Ausdruck
- muß seinen Gedanken und Wahrnehmungen sofort Ausdruck verleihen, um sich anderen nahe zu fühlen
- beständige Veränderungen stimulieren die emotionalen Neigungen; schätzt Abwechslung und intellektuellen Austausch
- das Vergnügungsbedürfnis kommt im Interesse nach dem Neuen und durch Redseligkeit und Freundlichkeit zum Ausdruck; liebt Intelligenz und Schlagfertigkeit

- das Bedürfnis nach Abwechslung und immer neuen Reizen kann der Entwicklung tiefer zwischenmenschlicher Beziehungen im Wege stehen

Venus im Krebs

- bringt Liebe und Zuneigung auf sensible, tröstende, beschützende und verläßliche Art und Weise zum Ausdruck
- muß für andere sorgen und umsorgt werden und Teil einer Familie sein, um sich wohlzufühlen
- bevorzugt den Austausch von Energien innerhalb einer abgeschlossenen, festgefügten Gruppe
- das Bedürfnis nach Vergnügen und Nähe kann durch Launenhaftigkeit, Schüchternheit, Geiz oder allzu großen Selbstschutz behindert werden; spiegelt die Stimmungen anderer wider
- das Gefühl von Nähe bedeutet zugleich Empfänglichkeit und Abhängigkeit

Venus im Löwen

- bringt Liebe und Zuneigung auf herzliche, enthusiastische und theatralische Art und Weise zum Ausdruck
- die Emotionen werden von Stolz und Geltungsdrang beeinflußt
- gibt mit schöpferischer Vitalität; nimmt von anderen auf hochherzige und stolze Weise

- Geselligkeit und der Ausdruck von Liebe sind geprägt von einem spielerischen Wesen sowie von Großzügigkeit und Loyalität
- das Bestreben, im Zentrum der Aufmerksamkeit zu stehen oder das Gefühlsleben anderer zu beherrschen, kann den Austausch tieferer Gefühle belasten

Venus in der Jungfrau

- bringt Liebe und Zuneigung auf konkrete, maßvolle, hilfsbereite und mitunter schüchtern anmutende Weise zum Ausdruck
- das Bedürfnis, zu dienen und nützlich zu sein, verleiht emotionale Befriedigung
- findet Vergnügen beim genauen Beobachten von Einzelheiten und in analytischer Arbeit
- braucht Logik und Sachlichkeit, um sich wohlzufühlen und im Gleichgewicht zu sein
- das emotionale Geben und Nehmen und der Ausdruck von Leidenschaft können unter einer allzu großen Hilfsbereitschaft, unter kleinlicher Kritiksucht oder der eigenen Reserviertheit leiden

Venus in der Waage

- bringt Liebe und Zuneigung leicht, rücksichtsvoll, charmant und gefällig zum Ausdruck
- das Geben und Nehmen von anderen ist durch Ausgeglichenheit, Fairness und Freundlichkeit geprägt

- strebt Beziehungen an, die auf gleichberechtigtem Austausch und auf gemeinsamer Arbeit am gefühlsmäßigen Ausdruck beruhen
- emotionale Neigungen werden durch das Bedürfnis nach der Harmonisierung von Gegensätzen und durch ästhetische Empfindungen beeinflußt
- braucht Frieden, Ruhe und Harmonie, um sich wohlzufühlen; daraus resultiert jedoch die Gefahr, daß Negatives nicht zur Sprache gebracht wird

Venus im Skorpion

- bringt Liebe und Zuneigung auf intensive, leidenschaftliche und mitunter ungemein besitzergreifende Art und Weise zum Ausdruck
- Emotionalität ist mit zwanghaftem Verlangen und tiefen, leidenschaftlichen Gefühlen verbunden
- Geben für und Nehmen von anderen schafft eine heilende, transformierende Energie
- muß in Beziehungen mittels intensiver Emotionen tief vordringen, um wirkliche Nähe zu erleben
- Mißtrauen und Geheimniskrämerei können dem Bedürfnis nach Geselligkeit und Liebe im Wege stehen

Venus im Schützen

- bringt Liebe und Zuneigung auf enthusiastische und wohlwollende Art und Weise sowie mit einem Sinn für Freiheit und Idealismus zum Ausdruck
- die Art, Verbindung aufzunehmen, ist von den eigenen Überzeugungen und Zielen geprägt; in engen Beziehungen müssen die Weltanschauungen miteinander harmonieren
- braucht das Gefühl, frei umherstreifen und forschen zu können, um sich ausgeglichen und wohlzufühlen
- Toleranz und Großherzigkeit kennzeichnen die Einstellung zu Liebe und Verliebtheit; bei einem erklärten Sinn für Ehrlichkeit in Beziehungen mitunter unsensibel gegenüber dem anderen
- der Wunsch, immer weiter zu gehen und viele Abenteuer zu erleben, kann sich auf die Schaffung enger Beziehungen störend auswirken

Venus im Steinbock

- bringt Liebe und Zuneigung vorsichtig, ernsthaft, pflichtbewußt und oftmals etwas mechanisch zum Ausdruck
- muß von der Aufrichtigkeit des anderen überzeugt sein, bevor er tiefe Gefühle zeigt; ist loyal und kann sich mit der Arbeit und der Verantwortung in Beziehungen auseinandersetzen
- der Wunsch nach Gesellschaft und Liebe ist mit Ehrgeiz, einer konservativen Einstellung, Stabi-

lität und dem Bewahren des guten Rufes verbunden

- das Bedürfnis nach Liebe und Freude kann durch eine mißtrauische, zurückhaltende oder gar furchtsame Einstellung behindert werden
- die starke Selbstbeherrschung und emotionale Reserviertheit können die Entwicklung enger Beziehungen behindern

Venus im Wassermann

- bringt Liebe und Zuneigung auf unkonventionelle, manchmal kokette und experimentierfreudige Art und Weise zum Ausdruck
- tauscht gern Theorien, Ideen und Phantasien mit einem geliebten Menschen aus; oftmals humorvolle Einstellung
- Geselligkeit und Liebe sind verknüpft mit dem Wunsch nach individueller Freiheit von jeglicher Beschränkung; mitunter radikale oder rebellische Züge
- braucht den geselligen Umgang mit vielen Menschen, um seine Gefühle ausleben zu können
- wird von manchen Personen als kalt und verschlossen angesehen; durch Distanz und eine unpersönliche Haltung kann die Entwicklung enger Beziehungen gestört werden

Venus in den Fischen

- bringt Liebe und Zuneigung auf sensible, freundliche, mitfühlende und verständnisvolle Art und Weise zum Ausdruck; ist fähig, selbstlos zu geben
- sucht romantische oder «zauberhafte» Harmonie; verfällt dabei jedoch manchmal in vage, unbestimmte Vorstellungen, die die Person verletzlich machen können
- das Bedürfnis nach Gesellschaft und Liebe ist von romantischem Idealismus geprägt; Idealisierung der geliebten Menschen sowie der Liebe selbst
- Realitätsflucht und unklare Vorstellungen können das Geben und Nehmen beschränken; mangelndes Urteilsvermögen kann die Bildung von festen Beziehungen behindern
- das Gefühl der Nähe resultiert aus dem starken seelischen Bedürfnis, mit anderen psychisch zu verschmelzen; die Fähigkeit, sich mit den Gefühlen der Mitmenschen zu identifizieren, schafft Einfühlungsvermögen

Mars in den Zeichen – Interpretations-Richtlinien

Die Zeichenposition von Mars:

Wie man sich behauptet und Wunschvorstellungen zum Ausdruck bringt

Mars im Widder

- behauptet sich auf wettbewerbsorientierte, direkte, ungestüme Weise
- dynamische Freisetzung physischer Energien angesichts neuer Erfahrungen; oftmals guter Instinkt für neue Geschäfte und mechanische Geschicklichkeit
- Initiative, Willenskraft und Rastlosigkeit sowie ein intuitives Erfassen des Wesentlichen charakterisieren die Arbeitsweise
- Sexualität und physische Energie kommen impulsiv, kraftvoll und mit Elan zum Ausdruck
- der Tätigkeitsdrang ist weitgehend an den eigenen Wünschen orientiert; geht Hindernisse direkt an, doch kann Leichtsinn den Erfolg vereiteln

Mars im Stier

- behauptet sich auf zurückhaltende, konservative, hartnäckige und immer gleiche Weise
- arbeitet für Werte wie Produktivität oder Konsolidierung und für den Genuß der «einfachen Freuden»; hat oft einen schöpferischen oder künstlerischen Instinkt
- Initiative und Tatkraft sind von materiellen Interessen und dem Wunsch nach Besitz geprägt; manchmal Langsamkeit und Trägheit
- das Erreichen des Gewünschten kann von Gleichgültigkeit oder der Zufriedenheit mit dem Bestehenden vereitelt werden
- die körperliche Energie und Sexualität werden durch konkrete Wahrnehmungen und vom natürlichen Lebensrhythmus stimuliert

Mars in den Zwillingen

- behauptet sich auf flexible und kluge Art und Weise und mit verbalen, kommunikativen und diversen anderen Fähigkeiten
- das Verlangen wechselt schnell und häufig; ist sich über die eigenen Wünsche oftmals unsicher und deshalb leicht abzulenken
- körperliche Energie und Sexualität werden von geistig anregenden Gesprächen, Vorstellungen oder kuriosen neuen Ideen beeinflußt; sehr stark ausgeprägte geistige Aufgeschlossenheit
- die Entschlossenheit wird vom Augenblick und seinen Wahrnehmungen beeinflußt

- Tatkraft und Initiative dienen zur Herstellung von Verbindungen, zur verstandesmäßigen Erfassung neuer Fakten und zur Entwicklung neuer Fähigkeiten; freundliche Wesensart

Mars im Krebs

- behauptet sich auf sensible, schüchterne, indirekte Art und Weise
- muß mit seinen Wurzeln und Traditionen in Verbindung sein, um sich über seine Wünsche und die Richtung des eigenen Lebens klarzuwerden
- Initiative und Willenskraft können unter Launen und übergroßer Vorsicht leiden – aber furchtloses Eintreten für geliebte Menschen
- die körperliche und sexuelle Energie und Entschlossenheit werden durch unbewußte Gefühle, Ängste und Verletzlichkeit negativ und durch fürsorgliche Behandlung positiv beeinflußt
- hartnäckiges und intuitives Verfolgen der Wünsche; Instinkt für Selbsterhaltung und richtiges Timing

Mars im Löwen

- behauptet sich auf dramatische, herzliche, strahlende, ausdrucksvolle und mitunter auch arrogante Weise
- der Ausdruck von Wünschen ist geprägt von Stolz und dem Bedürfnis nach Anerkennung

- Tatkraft und Initiative werden mit voller Zuversicht zum Ausdruck gebracht; schöpferischer Instinkt und überschäumende Lebenskraft
- sucht Anerkennung für sexuelle, körperliche oder schöpferische Leistungen; die körperliche und sexuelle Energie wird durch anerkennende Beachtung und eine Atmosphäre der Großzügigkeit angeregt
- wirkt im Selbstausdruck anspruchsvoll und dynamisch; anderen gegenüber oftmals zu dominierend

Mars in der Jungfrau

- behauptet sich auf maßvolle, hilfsbereite, analytische und pflichtbewußte Weise – und manchmal mit einem gehörigen Maß an Kritiksucht
- Entschlossenheit, Initiative und Arbeitsmethode sind vom Bestreben nach Perfektion und einem feinen Urteilsvermögen geprägt
- das Handeln kann durch Selbstkritik und zu viel Aufmerksamkeit für Einzelheiten behindert werden
- ein unterschwelliges Bedürfnis zu dienen beeinflußt die körperliche Energie und Willenskraft; kann hart und ausdauernd arbeiten und verfügt über praktische Intelligenz
- will durch perfektionistische Vorgehensweise seine Ziele erreichen

Mars in der Waage

- behauptet sich auf gesellige, kooperative, charmante Art und Weise, insbesondere im direkten Kontakt
- dem Willen zum Handeln liegt der Wunsch zugrunde, alle Gegensätze zu harmonisieren
- enge Beziehungen und ästhetische Einflüsse haben eine starke Wirkung auf die körperliche Energie und die Entschlossenheit
- Tatkraft und Initiative werden mit Takt und Klugheit auf Ziele wie Fairness und harmonische Verhältnisse gelenkt
- die Verwirklichung von Wünschen kann durch Unentschlossenheit beim Abwägen der Möglichkeiten behindert werden

Mars im Skorpion

- behauptet sich auf intensive, leidenschaftliche und kraftvolle Weise
- die körperliche Energie und Initiative werden von starken Wünschen, Zwängen und Herausforderungen angeregt; fähig zu großer Ausdauer
- der sexuelle Drang wird von dem Bedürfnis nach tiefer emotionaler Nähe und intensiven Erfahrungen angeregt
- um das Gewünschte zu erreichen, muß die emotionale Kraft kanalisiert und umgewandelt werden
- Entschlossenheit und Selbstausdruck werden durch Geheimniskrämerei und dem Bedürfnis nach Selbstschutz und totaler Kontrolle behindert

Mars im Schützen

- behauptet sich auf ehrliche, idealistische, enthusiastische, impulsive Weise, die Taktlosigkeit bedeuten kann
- Wünsche entstehen aus den eigenen Überzeugungen, Ehrbegriffen und Eingebungen
- Entschlossenheit und energisches Handeln werden vom Streben nach einem Ideal oder einer Zukunftsvision, von der man sich leiten läßt, motiviert
- die körperliche und sexuelle Erregung wird durch Unternehmungen, die einen Beiklang von Abenteuer haben, stimuliert
- Tatkraft und Initiative sind vom Bedürfnis nach Vervollkommnung und einem rastlosen Forscherdrang geprägt

Mars im Steinbock

- behauptet sich auf vorsichtige, ernsthafte, gebieterische und ehrgeizige Weise und mit starker Selbstdisziplin
- Entschlossenheit wird von sorgfältiger Planung, Berechnung und Geduld begleitet
- die körperliche Energie und Tatkraft werden oftmals auf materielle Ziele und langfristige Unternehmungen gerichtet
- verfolgt seine Ziele auf stetige, ausdauernde und konventionelle Weise
- kontrollierte, aber starke und erdhafte Sexualität

Mars im Wassermann

- behauptet sich auf intelligente, individualistische, exzentrische und unabhängige Weise
- Initiative und Willenskraft sind vom Bedürfnis nach freiem Selbstausdruck geprägt
- aufsässiges bzw. rebellisches Verhalten kann dem Erreichen des Gewünschten im Wege stehen, aber auch zu reformerischem Einsatz und zu kreativen Erneuerungen umgewandelt werden
- Gleichgültigkeit bzw. eine quasi «wissenschaftliche» Objektivität können den Ausdruck leidenschaftlicher Wünsche behindern
- die körperliche Energie und Sexualität werden durch das Gefühl der Freiheit, durch Experimentieren und die Erregung über neue Möglichkeiten und Ideen stimuliert

Mars in den Fischen

- behauptet sich auf idealistische, einfühlsame, liebenswürdige Weise, der Güte zugrunde liegt
- Initiative und Willenskraft sind von Sensibilität und Mitgefühl für andere geprägt
- Selbstbehauptung und Entschlossenheit werden durch starke emotionale Verletzbarkeit erschwert
- die physische Energie und Sexualität werden durch Träume, Stimmungen und Gefühle beeinflußt
- Erfüllung der Wünsche auf subtile Weise; Inspirationen, Intuition oder eine Vision sind Ansporn

4 Jupiter in den Zeichen – Interpretations-Richtlinien

Die Zeichenposition von Jupiter:

Wie man nach Wachstum streben, an sich arbeiten und Vertrauen dem Leben gegenüber erfahren kann

Die Bedeutung Jupiters wird in der traditionellen Astrologie und bei der Interpretation unterbewertet. Buchstäblich «führt uns Jupiter in die Zukunft»; er verkörpert potentielles, zukünftiges Wachstum und Entwicklung, insbesondere aufgrund von idealistischen Vorstellungen.

Weil die tieferen Bedeutungen dieses Planeten oft nicht berücksichtigt werden, kommt den Richtlinien hier eine besondere Wichtigkeit zu. In einer komplexen Zeit ist das Jupiter-Prinzip nicht einfach zu verstehen, und in einer von Relativismus und Materialismus geprägten Phase hat es vielleicht zuviel Philosophisches an sich. Das Jupiter-Zeichen jedes Menschen stellt immer einen machtvollen Faktor der Persönlichkeit dar – oftmals sind Persönlichkeit und Charakter von diesem Zeichen geprägt. In vielen Fällen zeigen sich die Energien, Fähigkeiten und Eigenschaften dieses Zeichens in herausragendem Maße– weil sie aus einer natürlichen Veranlagung stammen, werden sie jedoch als etwas Selbstverständliches hingenommen. Sehr oft kann man sagen, daß Jupiter etwas in der Persönlichkeit des Menschen «besser macht» oder «veredelt»; insofern zeigt sich bei seinem Zeichen im allgemeinen eher die positive als die negative Ausdrucksform.

♃ ♈

Jupiter im Widder

- sucht Entwicklung und Vervollkommnung durch den Ausdruck von Zuversicht und ehrgeizige Projekte
- muß sein Leben durch die eigene Energie und Initiative gestalten; oftmals gut entwickelte Führungsqualitäten
- Gelegenheiten ergeben sich durch dynamisches Freisetzen von Energie für eine neue Erfahrung
- durch zu aggressives und ungestümes Vorgehen kann es zu einer «Überexpansion», zu unangemessen hohen Risiken und versäumten Gelegenheiten kommen
- angeborenes Wissen um die Bedeutung von Mut und Selbstvertrauen

♃ ♉

Jupiter im Stier

- sucht Entwicklung und Vervollkommnung durch Produktivität, Beständigkeit und Verläßlichkeit
- der Drang, sich mit einer höheren Ordnung zu verbinden, wird durch tiefes Verständnis für die physische Welt unterstützt; verfügt über eine hochentwickelte Sinnlichkeit
- der Versuch, das Leben durch Geld, Besitztümer und Luxus annehmlicher zu machen, kann zu einer zu materialistischen Einstellung sowie zu Verschwendungssucht führen
- versteht und akzeptiert die menschliche Natur und das grundlegende Bedürfnis nach Freude

- Naturverbundenheit und eine einfache Lebensweise stärken das Vertrauen ins Leben; bringt die edleren und erhabeneren Eigenschaften des Stiers zum Ausdruck

Jupiter in den Zwillingen

- sucht Entwicklung und Vervollkommnung durch Kommunikation, umfassende Bildung und vielfältige Fähigkeiten
- Vertrauen entsteht aus spontaner Wahrnehmung und dem Zur-Sprache-Bringen diverser Verbindungen; durch viele Interessen erhält das Leben Sinn
- die Entwicklung einer optimistischen Einstellung kann unter sprunghafter Neugier, übertriebener Reflektion oder unangemessenen Sorgen leiden
- muß Intelligenz und Verstandeskraft entwickeln, um Vertrauen in sich und das Leben zu erfahren; sucht in der größeren Ordnung Vernunft und Logik
- angeboren ist das Wissen um die Wichtigkeit von Kommunikation sowie der Wunsch, anderen als Informationsquelle zu dienen

Jupiter im Krebs

- sucht Entwicklung und Vervollkommnung durch familiäre Werte und emotionale Unterstützung
- Gelegenheiten ergeben sich, wenn das beschüt-

zende Einfühlungsvermögen und die instinktive Fürsorge zum Ausdruck gebracht werden

- die für gewöhnlich gut entwickelte Sensitivität für die Gefühle anderer bewirkt Selbstvertrauen
- das Vertrauen auf eine höhere Macht kann durch übergroße Reserviertheit bzw. Ängste gedämpft werden
- angeborenes Wissen um das menschliche Sicherheitsbedürfnis; bringt meist die gebende, großzügige Seite des Krebs-Prinzips zum Ausdruck

♃ ♌ *Jupiter im Löwen*

- sucht Entwicklung und Vervollkommnung durch den freien Ausdruck der eigenen strahlenden Wesensart und durch die von Herzen kommende Unterstützung und Ermutigung von anderen
- von Stolz und dem Bedürfnis nach Anerkennung geprägte Offenheit; versteht intuitiv das Bedürfnis nach Aufmerksamkeit und Selbstvertrauen
- «glaubt an das Leben»; im Einzelfall können Selbstgefälligkeit und eine arrogante und herrschsüchtige Einstellung dem Vertrauen in eine höhere Ordnung im Wege stehen
- Selbstvertrauen resultiert aus der Anerkennung des eigenen Tuns; gut entwickelter Sinn für effektvolle Darbietungen
- bringt das Vertrauen ins Leben auf dramatische Weise zum Ausdruck; fühlt sich glücklich, wenn er seine Rolle im Leben spielen kann, überschätzt aber manchmal deren Bedeutung

Jupiter in der Jungfrau

- sucht Entwicklung und Vervollkommnung durch spontane Hilfsbereitschaft, pflichtbewußten Dienst und eine disziplinierte Einstellung
- ist auf bescheidene Weise offen für die Gnade einer höheren Macht; glaubt an den Sinn von geregelter Arbeit und Selbstdisziplin
- Perfektionsbedürfnis lenkt das Interesse auf Arbeit
- die Überbetonung der Einzelheiten kann die Verbindung zu einer größeren Ordnung hemmen; im allgemeinen gut entwickelte, nicht kleinliche Fähigkeit zu kritisieren
- angeborenes Wissen um den rechten Gebrauch analytischer Fähigkeiten und des Urteilsvermögens

Jupiter in der Waage

- sucht Entwicklung und Vervollkommnung durch unparteiisches Denken sowie eine diplomatische und überlegte Haltung
- das eigene Vertrauen wird durch eine ausgewogene und tolerante Einstellung verstärkt
- Gelegenheiten ergeben sich durch enge Beziehungen; für gewöhnlich gut entwickelte Fähigkeit, über ernste Themen zu sprechen
- der Drang zu einer größeren Ordnung kommt durch Teilen, Zusammenarbeit und die Ermutigung anderer (oder durch Kunst oder Schönheit zum Ausdruck
- das Berücksichtigen aller Seiten eines Problems kann ein von Zuversicht geprägtes, angemessenes Denken und Handeln behindern

Jupiter im Skorpion

- sucht Entwicklung und Vervollkommnung durch die Transformation von Wünschen und Zwängen und durch das Wissen um die tiefsten menschlichen Bereiche
- Gelegenheiten resultieren aus dem scharfen Blick für Menschen und Situationen; findige, manchmal auch opportunistische Wesensart
- die Entwicklung von Optimismus und Vertrauen kann durch Angst, Geheimniskrämerei und emotionale Verschlossenheit behindert werden; im allgemeinen bringt Jupiter aber die höheren Eigenschaften des Skorpion-Prinzips zum Ausdruck
- der Drang, sich mit etwas Größerem zu verbinden, kommt durch die Intensität der Erfahrungen und Gefühle zum Ausdruck; das Vertrauen in eine höhere Macht resultiert aus dem Streben nach und der Auseinandersetzung mit dieser Intensität
- muß in Verbindung mit einer machtvollen transformativen Energie stehen, um Selbstvertrauen zu haben

Jupiter im Schützen

- sucht Entwicklung und Vervollkommnung, indem er nach einem visionären Ziel strebt und seinem angeborenen Glauben an das Leben folgt
- das Vertrauen in eine höhere Ordnung wird durch eine optimistische und philosophische Einstellung unterstützt

- muß das Innere und das Äußere erforschen, um sich zu vervollkommnen
- eine zu große Expansion kann eine Verschwendung von Energie bedeuten und dazu führen, die unmittelbaren Möglichkeiten zu übersehen
- angeborenes Wissen um die Bedeutung der Religionen

Jupiter im Steinbock

- sucht Entwicklung und Vervollkommnung durch harte Arbeit und Disziplin
- muß Selbstbeherrschung und zuversichtlichen Konservativismus zum Ausdruck bringen, um sich zu vervollkommnen; ist eine angeborene Autorität, die in anderen Vertrauen erweckt
- Optimismus und Expansion können durch Ernsthaftigkeit oder eine furchtsame Haltung zerstört werden
- Glaube und Vertrauen basieren auf der Realität, auf Erfahrung und dem angeborenen Wissen um den Wert von Geschichte und Tradition
- Gelegenheiten ergeben sich durch die meist gut entwickelten Eigenschaften wie Geduld, Zuverlässigkeit und Verantwortungsbewußtsein

Jupiter im Wassermann

- sucht Entwicklung und Vervollkommnung durch humanitäre Ideale, intellektuelle Bestrebungen und experimentelles Vorgehen

- Zuversicht und Optimismus können unter einer distanzierten Haltung leiden; für gewöhnlich aber großzügige Einstellung
- braucht für sein Selbstvertrauen das Gefühl, unabhängig und intellektuell im Recht zu sein; von Natur aus wissenschaftliche Veranlagung
- exzentrischer, individualistischer, unorthodoxer Glauben; hält diesen selbst für einzigartig
- betont das Gemeinsame aller Menschen und die Einheit allen Wissens; ausgeprägte Toleranz für die verschiedenen Formen des Ausdrucks

Jupiter in den Fischen

- sucht Entwicklung und Vervollkommnung durch ein Leben gemäß der Ideale und der großzügigen Gesinnung und durch die Erweiterung von Erkenntnissen
- muß mitfühlend und empfindsam sein, um zu sich selbst Vertrauen zu haben
- eine nicht angemessene und kritiklose Haltung und Realitätsflucht können dem Handeln aus dem Bedürfnis nach Vervollkommnung im Wege stehen
- die Offenheit für die Gnade basiert auf dem Mitleid für alles, was leidet
- entwickeltes Vertrauen zur höheren Macht; weiß um die Wichtigkeit, sich einem Ideal hinzugeben; ist für die spirituelle Dimensionen einer Erfahrung offen

Saturn in den Zeichen – Interpretations-Richtlinien

Die Zeichenposition von Saturn:

Die Bestrebungen, durch eigene Anstrengungen etwas zu erreichen und das Erreichte zu bewahren

Saturn im Widder

- sucht zu erreichen und zu bewahren durch energievolle Aufbrüche zu neuen Erfahrungen
- im Brennpunkt der Bemühungen steht eine dynamische Freisetzung von Energie; entwickelt sich durch mutiges und verwegenes Verhalten
- Streben nach konkreten Leistungen; aggressives und konkurrenzbetontes Handeln
- eine kindisch-egozentrische Haltung, angstgeprägtes Handeln sowie übergroße Vorsicht können das Übernehmen von Verantwortung behindern
- Unabhängigkeit im Handeln ist für befriedigende Leistungen besonders wichtig und notwendig

Saturn im Stier

- sucht zu erreichen und zu bewahren durch konstante Leistungen, Besitztümer und das Vertrauen auf die eigenen materiellen Mittel
- die eigene Integrität und das Gefühl der Sicherheit basieren auf Loyalität, Stabilität und Verläßlichkeit; potentielle Beschränkung der Leistung durch Trägheit
- konzentriert sich auf grundlegende, meist traditionelle Werte, um gesellschaftliche Anerkennung zu erfahren
- der Drang zur Verfestigung und zum Besitzen kann zu einem blockierten Energiefluß sowie zu einem sturen Konservatismus und Angst vor Kontrollverlust führen
- kann sich intensiv um ein tiefes Verständnis für physische Empfindungen, Kunst, Schönheit oder Natur bemühen

Saturn in den Zwillingen

- sucht zu erreichen und zu bewahren durch die Wahrnehmungsfähigkeit und die Beherrschung der Fakten
- das Bedürfnis, sich auf den eigenen Geist zu verlassen, führt zu einer ständigen Neustrukturierung der eigenen Gedanken
- die Übernahme von Pflichten und Verantwortlichkeiten kann durch das Bedürfnis nach vielfältigen geistigen Anregungen behindert werden; eine skeptische Einstellung und Beschränkung

der Interessen können die Lernfähigkeit und Experimentierlust beeinträchtigen

- muß Disziplin zeigen, um Ideen zusammenhängend zum Ausdruck zu bringen und eine gewisse Objektivität im Denken zu beweisen
- neigt zum Intellektualisieren; verteidigt seine Ordnung und Integrität auf verbale Art und Weise

Saturn im Krebs

- sucht zu erreichen und zu bewahren durch tiefe Fürsorge und durch die Reflektion über die Wurzeln und den Einfluß der Familie
- die eigenen Emotionen zu akzeptieren und genau zum Ausdruck zu bringen ist zwar oft schwierig, aber ungemein wichtig
- ist bemüht, die Furcht vor der eigenen Sensibilität und Verletzlichkeit zu überwinden
- starkes Bedürfnis, Sicherheit und Selbstschutz auszubauen
- zu große emotionale Zurückhaltung kann zu einem starren und leeren Persönlichkeitsausdruck führen

Saturn im Löwen

- sucht zu erreichen und zu bewahren durch einen kreativen Selbstausdruck und eine loyale, disziplinierte innere Haltung
- muß die Persönlichkeit auf Leistung ausrichten, um ein Gefühl der Sicherheit zu erfahren

- hat das Bedürfnis, sich auf die Angelegenheiten zu konzentrieren, die die Seele berühren und am meisten am Herzen liegen
- Furcht und Unsicherheit bezüglich des persönlichen Wertes und des Guten können den Selbstausdruck und das Selbstvertrauen beeinträchtigen
- Stolz und der Drang nach Anerkennung motivieren dazu, Pflichten und Verantwortung zu übernehmen; die Verbindung von Kreativität und Verantwortung kann tiefes Glück bringen

Saturn in der Jungfrau

- sucht zu erreichen und zu bewahren durch analytische Fähigkeiten, durch Verantwortungsbewußtsein und hilfsbereites Verhalten gegenüber den Bedürftigen
- Ordnung und Disziplin werden zur Bewältigung von Einzelheiten und zur Perfektionierung von Fähigkeiten eingesetzt; sie können tiefe Befriedigung bringen
- mangelndes Vertrauen, erfolgreich in der Außenwelt zu bestehen, kann zu Selbstzweifeln und übertriebenen Ängsten führen
- das Bedürfnis, hart und effektiv zu arbeiten, bringt konkrete Leistungen hervor
- das Vertrauen in die eigene Kompetenz und Effektivität führt zur Erkenntnis des eigenen Platzes in der Welt und fördert die Entwicklung wahrer Bescheidenheit

Saturn in der Waage

- sucht zu erreichen und zu bewahren durch einen von Aufrichtigkeit und Verantwortungsbewußtsein geprägten Umgang mit anderen
- gestaltet bewußt alle Pläne, Beziehungen und Strukturen nach dem Prinzip der Ausgewogenheit und Harmonie
- die Angst vor einer partnerschaftlichen Bindung kann die Erfahrung befriedigender Intimität behindern
- bemüht sich sehr, Beziehungen aufrechtzuerhalten; kommt allen Verpflichtungen, Versprechen und Pflichten nach, woraus tiefe Befriedigung resultieren kann
- der Wunsch, anderen Menschen zu gefallen, kann dem Übernehmen unangenehmer Pflichten im Wege stehen; Taktgefühl und Unvoreingenommenheit können gesellschaftliche Anerkennung bringen

Saturn im Skorpion

- sucht zu erreichen und zu bewahren durch die Beherrschung machtvoller Leidenschaften und anderer Energiereserven
- starker Drang, die eigene emotionale Struktur zu verteidigen, was im Extremfall den eigenen Zielen zuwiderlaufen oder die Blockierung der Intimität mit anderen bedeuten kann
- das überaus starke Bedürfnis, sich auf seine eigenen Mittel zu verlassen, kann das Arbeiten für größere Werke stören

- die Furcht, die tiefsten Gefühl anzuerkennen oder gar zum Ausdruck zu bringen, kann zu einem erstarrten bzw. «eingefrorenen» Gefühlsstrom und zu einem Mangel an tiefer Befriedigung im Leben führen
- viel Mühe und Disziplin wird auf die umfassende Transformation, auf die Eliminierung alles Unnötigen und auf die Arbeit an bedeutenden Verbesserungen gerichtet

Saturn im Schützen

- sucht zu erreichen und zu bewahren durch das Zugrundelegen von festen Überzeugungen und das Streben nach fernen Zielen
- übernimmt mit Begeisterung Verantwortung und Pflichten – manchmal mehr, als er bewältigen kann; starkes Bedürfnis nach mentaler Disziplin
- organisiert unermüdlich, paßt laufend alle Pläne und Strukturen der aktuellen Situation an; plant zukünftige Taten systematisch
- schätzt philosophische Betrachtungen sowie die klare Formulierung der eigenen Ideale, woraus ein Gefühl der Sicherheit und der Befriedigung entspringen kann
- starkes Bedürfnis, daß die eigenen Überzeugungen gesellschaftliche Anerkennung finden; Reflektionen über die Wahrheit können durch eine allzu traditionelle Einstellung oder Ängste behindert werden

Saturn im Steinbock

- sucht zu erreichen und zu bewahren durch das Verfolgen ehrgeiziger Ziele, durch die gesellschaftliche Stellung und durch Autorität
- disziplinierte Anstrengungen, um der eigenen Verantwortung gerecht zu werden
- ein überentwickeltes Organisationsvermögen kann in dem Bestreben enden, alle Situationen beherrschen zu wollen
- will die eigene Ordnung und Integrität durch Entschlossenheit, harte Arbeit, Konservatismus und Vorsicht schützen; übergroße Angst vor Mißbilligung kann das Erreichen der eigenen Ziele behindern
- will sowohl als vertrauenswürdiger Mensch angesehen werden als auch sich auf die eigenen Mittel verlassen

Saturn im Wassermann

- sucht zu erreichen und zu bewahren durch die Entwicklung der mentalen Fähigkeiten, durch klar definiertes Wissen und durch die Hingabe an soziale oder visionäre Ziele
- kann bezüglich Gruppen oder Konzepten gut organisieren
- setzt sich für den Freundeskreis ein, wobei er oftmals die Gruppenenergie auf spezielle Ziele hinlenkt
- Exzentrizität und Radikalismus können greifbare Resultate verhindern; geistige Starrheit oder ge-

sellschaftliche Unsicherheit stehen im Widerspruch zum freien und unabhängigen Selbstausdruck

- muß geselligen Austausch pflegen, um sich über das Lebensziel klarzuwerden und die Furcht vor Mißbilligung zu überwinden

Saturn in den Fischen

- sucht zu erreichen und zu bewahren durch das Überschreiten der Grenzen der Persönlichkeit und die Vereinigung mit einem Wesen, einer Gruppe oder einem Ideal, das größer ist als man selbst
- die Sehnsucht, der Realität zu entfliehen, kann das Verantwortungsbewußtsein lähmen; zu große Ängstlichkeit oder Konservatismus stehen der Verwirklichung der transzendenten Visionen im Wege
- um heilendes Mitleid und Einfühlungsvermögen bemüht; durch das Bestreben zu geben wird Starrsinn überwunden
- muß Sensitivität und Emotionen zum Ausdruck bringen und das eigene ausweichende Verhalten disziplinieren, um sich zu festigen
- für die Visionen und Sehnsüchte müssen die eigenen spirituellen Talente genutzt werden

Uranus, Neptun und Pluto in den Zeichen

Die Stellung von Uranus, Neptun und Pluto in bezug auf die Zeichen ist für die Eigenschaften einer ganzen Generation von Interesse (indem sie gesellschaftliche Phänomene der jeweiligen Ära erklären) - für den einzelnen Menschen ist sie relativ unwichtig. Da diese Stellung über mehrere Jahre hinweg Gültigkeit hat, bringt sie keine klaren, differenzierenden individuellen Eigenschaften zum Ausdruck. Von größerer Wichtigkeit ist dagegen die Stellung dieser Planeten bezüglich der Häuser sowie die Aspekte, die zu ihnen bestehen. Die Aspekte zwischen Uranus, Neptun und Pluto und den persönlichen Planeten können offenlegen, wie jemand mit den Kräften der Veränderung in seiner Generation verbunden ist. Im Leben mancher Menschen scheinen die drei äußeren Planeten «stumme Klänge» zu sein – die tiefgreifenden Veränderungen, für die diese Planeten stehen, machen sich dann auf der inneren, persönlichen Ebene bemerkbar. Die Interessen und Aktivitäten des einzelnen Menschen müssen mit dem Horoskop in Beziehung gesetzt werden, um zu sehen, wie die Planeten zum Ausdruck kommen.

Es soll noch einmal betont werden: Die Eigenschaften und Energien der Zeichen der äußeren Planeten treten beim Einzelnen im allgemeinen nicht so stark in Erscheinung – es sei denn, sie sind mit den wesentlichen Merkmalen des Horoskops eng verknüpft. Letzteres gilt, wenn beispielsweise Uranus, Neptun oder Pluto zu einem anderen Planeten in Konjunktion stehen, wodurch die Energien des betreffenden Zeichens eine Betonung erfahren. Um es konkret darzulegen: Eine Konjunktion zwischen Pluto und Venus im Löwen verstärkt die Löwe-Energie.

Ein äußerer Planet kann aber auch zur Betonung eines Elementes beitragen, zum Beispiel, wenn er im Trigon zu zwei Planeten steht, die sich in den beiden anderen Zeichen seines Elementes befinden (das heißt, wenn er Teil des «Großen Trigons» ist), z.B., wenn der Zwillings-Uranus sowohl zur Wassermann-Sonne als auch zum Waage-Mond im Trigon steht. In diesem Falle würde Uranus die Energie des Elementes Luft verstärken.

Eine derartige Verstärkung zeigt sich auch in dem Fall, wenn sich im Zeichen des Aszendenten ein äußerer Planet findet. Auch wenn dieser äußere Planet im 12. Haus – nahe dem Aszendenten – steht, erfahren die Eigenschaften des aufsteigenden Zeichens eine starke Betonung. Ein Beispiel: Ist Löwe das aufsteigende Zeichen und befindet sich auch Pluto in diesem, werden die Löwe-Eigenschaften beträchtlich verstärkt (wenngleich das in diesem speziellen Falle aufgrund der plutonischen Eigenschaft, sich zu kontrollieren und andere im Ungewissen zu lassen, nicht so deutlich zutage treten würde).

KAPITEL 6

DER ASZENDENT UND DAS MEDIUM COELI

Schlüsselkonzepte für den Aszendenten

Es ist fast unmöglich, die Bedeutung des Aszendenten (beziehungsweise des «aufsteigenden Zeichens»*) zusammengefaßt in wenigen Worten darzulegen. Der Aszendent ist vieles in einem: ein Symbol für die Art und Weise, wie man in der Welt agiert, die «Maske» oder das «Bild der Persönlichkeit», welches von den anderen wahrgenommen wird, die Einstellung oder spontane Energie der Welt gegenüber, die unser gesamtes Wesen durchdringt. Bei manchen Menschen tritt der Aszendent deutlich hervor; bei anderen kann er, wie Dane Rudhyar schreibt, »der am schwierigsten zu erkennende und zu bestimmende Faktor« sein. Bei manchen Menschen scheint er eine oberflächliche Eigenschaft darzustellen, wie es Jeff Mayo zum Ausdruck bringt:

> *Es kann der Gesichtsausdruck sein, den ein Mensch zur Schau trägt, während er sich in Geschäften und gesellschaftlichen Aktivitäten engagiert. Vielleicht verbirgt er dabei viel von seinem wahren Wesen, von dessen Beschaffenheit möglicherweise nur seine Vertrauten – und oftmals nicht einmal sie – wissen.*

Das «Bild der Persönlichkeit», das die anderen wahrnehmen, wird nicht mit Absicht projiziert – es entsteht automatisch. Es ist auch nicht «oberflächlich» in dem Sinn, wie es manche astrologischen Schriften behaupten. Der Aszendent weist immer auf etwas Wesentliches im Menschen hin, das zur gleichen Zeit sowohl tief in ihm verborgen als auch äußerlich ist. Es ist für einen Menschen praktisch unmöglich, in der Welt zu handeln oder sich zum Ausdruck zu bringen, ohne daß der Aszendent beteiligt wäre. In vielerlei Hinsicht ist dieser das Tor, durch das wir der Außenwelt gegenübertreten. Er symbo-

---

*) Die Begriffe «Aszendent» und «aufsteigendes Zeichen» werden für gewöhnlich bedeutungsgleich verwendet, obwohl es zwischen ihnen einen Unterschied gibt. Das «aufsteigende Zeichen» ist jenes Zeichen, das zum Zeitpunkt der Geburt am östlichen Horizont «aufstieg». Der Aszendent (abgekürzt AC) dagegen bezeichnet den genauen Grad des zum Zeitpunkt der Geburt aufsteigenden Zeichens; insofern ist er der informativere Begriff.

lisiert unseren persönlichen Zugang zum Leben und die Art und Weise, wie wir aktiv im äußeren Leben aufgehen, wenn unsere Energie frei fließt.

Der Aszendent enthüllt, wie wir unsere Einzigartigkeit wahrnehmen. Er kennzeichnet immer etwas Wesentliches in der Persönlichkeit des Menschen und in seiner Einstellung zum Leben, wobei er beherrschend und der Persönlichkeit angemessen scheint, wenn er in das Horoskop harmonisch eingebunden ist und aus ihm Verstärkung erfährt. Nur wenn das Horoskop die Charakteristiken und Energien des Aszendenten nicht unterstützt, wirkt er «oberflächlich», wie eine künstliche, aufgesetzte Maske, die im Widerspruch zum eigentlichen Wesen steht.

Das Element des Aszendenten

Das Element des Aszendenten enthüllt die Qualität des Energieflusses, der unsere Physis und unsere Einstellung zum Leben prägt.[7] Die Elemente Feuer oder Luft beim aufsteigenden Zeichen lassen die Energie frei fließen; sie bedeuten aufgrund ihrer Dynamik und ihres aktiven Selbstausdrucks einen hohen Energieverbrauch. Befindet sich das aufsteigende Zeichen im Element Erde oder Wasser, besteht die Tendenz, mit der Lebensenergie eher sparsam umzugehen, woraus eine Art «Selbst-Bewahrung» (oder auch Selbstunterdrückung) und eine Neigung zu einem in sich gekehrten Leben resultiert.

Aszendent im Feuerzeichen
(Widder, Löwe und Schütze): ♈ ♌ ♐

Großes Ausmaß an Vitalität und körperlicher Energie, strahlt Energie in die Außenwelt aus. Positive, optimistische Sicht auf das Leben und ein Verhalten voller Zuversicht, das manchmal von einer unverblümten Offenheit begleitet ist. Voller Aktivität, möchte dieser Mensch dem Leben seinen Stempel aufdrücken und erfahren, wie seine Anstrengungen in der Welt Früchte tragen. Diese handlungsorientierte Einstellung kann in ein exzessives Verhalten münden; auch besteht möglicherweise ein nur gering ausgeprägtes Bewußtsein für die eigenen subtileren Bedürfnisse sowie für die der anderen.

Aszendent im Luftzeichen
(Zwillinge, Waage und Wassermann): ♊ ♎ ♒

Geistig aktiv; wißbegierig, gesellig, freundlich, gesprächig. Oftmals klug und gewandt, mit rascher Auffassungsgabe. Kann zu intellektuell geprägt sein und über permanenten Diskussionen das Handeln vergessen. Will seine Mitmenschen verstehen; lebt in der Welt der Begriffe. Von Natur aus gute Kommunikationsfähigkeit; kann die Standpunkte anderer nachvollziehen.

Aszendent im Erdzeichen
(Stier, Jungfrau und Steinbock): ♉ ♍ ♑

An Tatsachen orientierte Sicht auf das Leben. Die Ausrichtung auf die materielle Welt und eine konservative Einstellung können das Vorstellungsvermögen hemmen, was unter Umständen einen verengten Selbstausdruck oder eine Beschränkung der Möglichkeiten zur Folge hat. Ausdauer und Verläßlichkeit sind im allgemeinen gut entwickelte und auch bei anderen erwünschte Eigenschaften. Ein praktisches Wesen und angeborene Geduld verleihen diesen Aszendenten-Zeichen mehr als den anderen eine beharrliche und gleichmütige Einstellung gegenüber dem Alltag. Eine systematische Herangehensweise, die in den meisten Fällen auf anerkannten Methoden beruht, ist typisch für die Art des Selbstausdrucks.

Aszendent im Wasserzeichen
(Krebs, Skorpion und Fische): ♋ ♏ ♓

Von der Umgebung beziehungsweise von anderen Menschen leicht zu beeinflussen. Aufgrund eines starken Gefühles, verwundbar zu sein und verletzt zu werden, launisch, empfindsam und mißtrauisch. Schützt sich selbst, aber auch diejenigen, die ihm etwas bedeuten. Ist verständnisvoll und sehr sensibel gegenüber den Emotionen der anderen. Zurückhaltendes, aber reiches Innenleben.

Der Herrscher des Aszendenten

Der Planet, der mit dem aufsteigenden Zeichen in Verbindung steht, ist von großer Bedeutung. In der astrologischen Tradition wird er «Herrscher des Horoskops» genannt oder als der «herrschende Planet» des Geburtshoroskops bezeichnet. Seine Stellung in Haus und Zeichen drückt dem Wesen des Menschen eine unveränderliche Prägung auf. Sobald du dich auf den Erfahrungsbereich eingelassen und die Art von Energie bewußt wahrnimmst, die vom Herrscher des Aszendenten, seinem Haus und Zeichen repräsentiert werden, wirst du dich lebendiger, innerlich sicherer und vor allem motivierter fühlen, dich auf eine dir selbst treue Art zum Ausdruck zu bringen.

Das *Zeichen* des Aszendenten-Herrschers enthüllt eine Qualität der Energie und spezielle Eigenschaften, die von großer Bedeutung, in vielen Fällen sogar dominierend sind. Dieses Zeichen zeigt die Ur-Energie des Menschen, die ihn zum Handeln und zum Selbstausdruck anregt.

Das *Haus* des Aszendenten-Herrschers zeigt den Erfahrungsbereich, in dem sich die Lebensenergie in erster Linie manifestiert – wo man handelt und auf Probleme stößt, die von tiefer Bedeutung sind. Man muß in diesem Lebensbereich aktiv sein, um die wesentlichen Energien und Fähigkeiten so umfassend wie möglich zum Ausdruck zu bringen.

Wenn dein Aszendent zwei Herrscher hat, einen alten und einen neuen (wie es bei Skorpion, Wassermann und den Fischen der Fall ist), mußt du auf deren beider Hauspositionen achten. Diese beiden treten (in welcher Intensität auch immer) in deinem persönlichen Leben hervor. Was das Zeichen angeht, ist die traditionelle Zuordnung von größerer Bedeutung – das Zeichen des alten Herrschers wird immer die stärkere Betonung aufweisen (es sei denn, es bestehen besondere Schwerpunkte im Zeichen des modernen Herrschers). Ein Beispiel: Wenn dein Aszendent im Skorpion liegt, ist das Zeichen, in dem dein Mars steht, für deine persönliche Veranlagung viel bedeutsamer als das, in dem sich Pluto befindet (wenn nicht ein anderer wichtiger Faktor im Pluto-Zeichen steht). Um dies noch weiter auszuführen: Jemand mit Skorpion-Aszendent aus der Generation mit Pluto im Löwen muß keine Persönlichkeit mit einer Löwe-Prägung aufweisen. Das Zeichen aber, in dem sich Mars befindet, wird von besonderer Stärke sein; die mit diesem in Verbindung stehende Energie wird sich bei jedem dieser Menschen immer mit besonderem Nachdruck manifestieren.

Aszendent und Aszendenten-Herrscher sind immer zusammen zu betrachten, als eine Art «Interpretations-Einheit». Bei einem Zwillings-Aszendenten wird es sich um eine phantasievolle, psychisch empfindsame und gedankenverlorene Persönlichkeit handeln, wenn der Herrscher Merkur in den Fischen steht. Stünde Merkur im Stier, würde das auf ein langsameres und konkreteres Denken hinweisen (ich bezeichne das als einen «aufsteigenden Zwilling mit einem Fische-» beziehungsweise «Stier-Unterton»). Ein weiteres Beispiel: Mit Krebs als aufsteigendem Zeichen und dem Herrscher Mond in der Waage ist man wahrscheinlich unpersönlicher und diplomatischer als mit dem Mond im Widder, woraus für gewöhnlich große

Impulsivität und oft Taktlosigkeit resultiert (ich nenne dies einen «aufsteigenden Krebs mit Waage-» beziehungsweise «Widder-Unterton»).

Aspekte zum Aszendenten

(Die Geburtszeit muß genau feststehen, wenn diese Aspekte zur Deutung herangezogen werden sollen.)

Der Aszendent wird nicht nur durch die Stellung seines Herrschers beeinflußt, sondern auch von jedem genauen, durch 30 Grad teilbaren Aspekt, der zu ihm besteht. (Ich betrachte alle durch 30 teilbaren Winkelbeziehungen als «Haupt-Aspekte» – die Aspekte von 30, 60, 90, 120, 150 und 180 Grad. Nähere Informationen über die Bedeutung der einzelnen Aspekte einschließlich derer, die zum Aszendenten bestehen, werden in Kapitel 8 gegeben.) Der Planet, der den Aszendenten aspektiert, zeigt immer eine dynamische Ausprägung; er beeinflußt das Persönlichkeitsbild, das projiziert wird, sowie die Form des Selbstausdrucks. Jeder den Aszendenten aspektierende Planet prägt das Energiefeld und die Lebenseinstellung des Menschen.

- Die machtvollsten dieser Aspekte sind **Konjunktionen** (innerhalb eines Orbis von sechs Grad); sie stellen die Eigenschaften der Persönlichkeit dar, die am deutlichsten in Erscheinung treten.

- Den zweitstärksten Einfluß verkörpern Konjunktionen mit dem Deszendenten (das sind **Oppositionen zum Aszendenten** – Orbis ebenfalls sechs Grad). Der Aszendent bringt unmittelbar die Persönlichkeit zum Ausdruck, während der Deszendent beziehungsweise die in seiner Nähe stehenden Planeten jene Eigenschaften darstellen, die insbesondere in Beziehungen zum Tragen kommen. Diese können dem Bild der Persönlichkeit entgegengesetzt sein – was den Sachverhalt widerspiegelt, daß diese Aspekte auf eine innere Spaltung des Menschen hinweisen. Das kann bedeuten, daß die Person mit diesem Aspekt zwei verschiedene, unvereinbar scheinende Wesenszüge aufweist. In anderen Fällen sind keine auffallenden Gegensätze oder Widersprüchlichkeiten zu beobachten; dann scheint es einfach eine starke Prägung der Persönlichkeit durch den aspektierenden Planeten zu geben, die sich besonders im Bereich der persönlichen Beziehungen bemerkbar macht.

- Der frustrierendste Aspekt zum Aszendenten, der die größte Herausforderung darstellt, ist das **Quadrat.** Es symbolisiert manchmal Probleme der frühen Umgebung, welche sich als Bedrückung oder Hemmung manifestierten (dies gilt insbesondere dann, wenn der Planet im 4. Haus steht). Das Quadrat kann auch als Drang nach Leistung und Anerkennung in Erscheinung treten (insbesondere, wenn sich der Planet im 10. Haus befindet). Doch wie alle herausfordernden Aspekte zeigen auch diese Quadrate auf, wo erfolgversprechend für die Entwicklung gearbeitet werden kann.
- Jeder Planet, der an einem **genauen Aspekt** zum Aszendenten beteiligt ist, prägt mit seinen Eigenschaften von der frühesten Kindheit an dein Bewußtsein. Diese Qualität ist in dir, ohne daß du es möglicherweise weißt; vielleicht mußt du erst lernen, sie anzuerkennen oder mit ihr umzugehen. Wenn du die Eigenschaften dieser Qualität mit der Zeit bewußt weiterentwickelst, kann sie für dich zur wichtigsten Energiequelle werden – sobald du sie anzuzapfen gelernt hast.
- Es ist sehr wichtig zu untersuchen, wie die **Elemente** der drei beherrschenden Horoskop-Faktoren **Sonne, Mond** und **Aszendent** in der Persönlichkeit gemischt sind (das gilt auch, wenn Sonne und Mond nicht oder nicht im engen

Aspekt zum Aszendenten stehen sowie dann, wenn über die Geburtszeit keine Sicherheit herrscht). Diese Untersuchung zeigt auf, wie die wesentlichen Lebensenergien zusammenfließen und inwiefern der Aszendent den Ausdruck der Sonnen- und Mond-Energien fördert oder behindert.

Interpretations-Richtlinien für den Aszendenten

Der Aszendent ist für jedes Individuum von tiefer und durchdringender Bedeutung; gleichwohl ist zu berücksichtigen, daß er mit dem Rest des Horoskops und insbesondere mit dem Sonnenzeichen in Beziehung gesetzt werden muß, damit sein Einfluß richtig verstanden wird. Die Sonne symbolisiert das Herz des Individuums, das innerste Zentrum des Bewußtseins, die Art und Weise, wie wir die meisten unserer Erfahrungen aufnehmen; der Aszendent – wenn seine Bedeutung auch von Mensch zu Mensch verschieden ist – ist für die menschliche Natur nicht von derart zentraler Bedeutung. Der Aszendent zeigt – unter anderem – die *Einstellung zum Leben*, die Sonne *zeigt* das Leben! Der Aszendent muß den Zwecken, Wertvorstellungen und kreativen Zielen, die mit der Sonne verbunden sind, dienen, damit das Individuum mit Effektivität und Zuversicht tätig sein kann.

Der Aszendent modifiziert den Ausdruck der solaren Energie. Ein ganzes Buch könnte über die verschiedenen Kombinationsmöglichkeiten von Sonne und Aszendent geschrieben werden – hier soll nur eine kurze Erläuterung gegeben werden. Zum Beispiel: Die Zwillinge als aufsteigendes Zeichen verleihen jeder Sonnenstellung eine geselligere, lebhaftere und wißbegierigere Lebenseinstellung. Die eher phleghmatische

Stier-Sonne gewinnt einen aktiveren Ausdruck, die Skorpion-Sonne wird geselliger und offener, die Steinbock-Sonne aufgeschlossener und kommunikativer, und die Krebs-Sonne verliert zumindest etwas von ihrer Schüchternheit. Aber – wie ähnlich die Haltung und die äußere Persönlichkeit aller Menschen mit einem Zwillinge-Aszendenten auch sein mag – das von der Sonne geprägte innere Wesen wird durch deren Zeichen bestimmt.

Um die Wechselwirkung zwischen Aszendent und Sonnenzeichen zu verstehen, kann man auch die Elemente dieser beiden Faktoren betrachten. Ein Mensch mit einer Krebs-Sonne wird im allgemeinen deutlich extravertierter und optimistischer im Ausdruck sein, wenn der Aszendent im Element Feuer liegt und nicht im auf Bewahrung und Selbstschutz bedachten Element Erde. Ein weiteres Beispiel: Ein Mensch mit der Sonne im Luft-Element und einem Wasser-Aszendenten scheint emotionaler zu sein, als er wirklich ist; umgekehrt verhält es sich, wenn die Sonne im Element Wasser steht und ein Luft-Aszendent vorliegt: Das Individuum scheint distanzierter und emotionsloser, als es in Wahrheit ist.

Das Sonnenzeichen ist energetisch immer stark betont. Aspekte, die zur Sonne bestehen, können den Grundton des solaren Ausdrucks modifizieren, aber niemals in dem Ausmaß, wie es bei der Energie des aufsteigenden Zeichens möglich ist. Im aufsteigenden Zeichen stehen oftmals keine Planeten – und selbst wenn es einen oder zwei Planeten enthält, ist es energetisch schwächer als das Zeichen, in dem sich die Sonne aufhält (ein besonderer Fall liegt natürlich vor, wenn die Sonne im aufsteigenden Zeichen steht!). Diese schwächere Ausprägung der Energie bedeutet, daß in den meisten Fällen der Aszendent im Vergleich zum Sonnenzeichen leichter Abwandlungen unterliegt. Enge Aspekte zum Aszendenten bringen eine starke Modifizierung mit sich, und die Stellung des Aszendenten-Herrschers und die Aspekte zu diesem haben ebenfalls auf den Ausdruck der Energien des aufsteigenden Zeichens einen großen Einfluß.*

Die Komplexität des Faktors «Aszendent» erklärt vieles. Sie verdeutlicht, warum manche Menschen sich nicht oder kaum mit ihrem aufsteigenden Zeichen identifizieren. Sie erklärt auch, warum es den astrologisch Interessierten anfangs so schwerfällt, die Bedeutung und Interpretationen des Aszendenten zu erfassen. Und diese Komplexität bedeutet auch, daß aus der isolierten Interpretation einzelner Merkmale von Sonne und aufsteigendem Zeichen nicht die individuelle Persönlichkeit erschlossen werden kann – was ja auch darin zum Ausdruck kommt, daß viele Menschen mit den «Etiketten» der astrologischen Grundbegriffe nichts anfangen können.

Es muß auch darauf hingewiesen werden, daß die Menschen sich im Vergleich zu ihrem Sonnenzeichen der Natur ihres Aszendenten relativ wenig bewußt sind. Insofern ist der Aszendent ein Faktor, der mit der Zeit bewußt weiterentwickelt und zur Unterstützung des Selbstausdrucks verwendet werden kann. Ich habe die Erleichterung von Menschen erlebt, als sie sich über ihr aufsteigendes Zeichen klargeworden waren: Endlich wurde es ihnen möglich, sich mit einer zwar sehr tiefen, aber nur halbbewußten Neigung zu identifizieren. In manchen Fällen hatten die vom Aszendenten symbolisierten Eigenschaften und Fähigkeiten sich gerade Bahn zu brechen begonnen; den astrologischen Schlüssel für diese Entwicklung zu erfahren war dann eine große Hilfe. Anzumerken ist an dieser Stelle noch, daß – wahrscheinlich mehr als bei jedem anderen Faktor des Horoskops – das Umfeld der frühen Jahre den Ausdruck der Energien des Aszendenten fördert oder unterdrückt, weil der Aszendent von klein auf an den Kanal darstellt, durch den wir mit der Außenwelt in Beziehung treten.

Wir können über die zwölf verschiedenen Aszendenten einige allgemeine Bemerkungen machen, wobei wir im Gedächtnis behalten müssen, daß der Aszendent durch Aspekte und die Stellung seines Herrschers sowie durch Planeten im 1.

---

* (Fußnote von Seite 142) Weitere Informationen zum Aszendenten und seiner Beziehung zum Horoskop finden sich in Kapitel 10 von *»Astrologie, Karma und Transformation«*. Dieses Kapitel umfaßt auch bedeutsames Material über das Medium Coeli.

Haus ziemlich beeinflußt wird. Anzuraten ist auch, zusätzlich die Interpretations-Richtlinien aus Kapitel 5 für die Sonne in den Zeichen heranzuziehen, um die grundlegende Natur jedes einzelnen Aszendenten zu verstehen. Insbesondere Anfängern ist diese Vorgehensweise zu empfehlen. Meiner Ansicht nach sind die Richtlinien für die Sonne in manchen Aspekten auf den Aszendenten zu übertragen; ich werde deshalb die Bedeutung der Aszendenten von anderen Gesichtspunkten aus erläutern, um Wiederholungen zu vermeiden.

Im folgenden habe ich auch Divergenzen zwischen der Sonnenstellung und dem Aszendenten in einem Zeichen angeführt, die ich während der zurückliegenden 20 Jahre beobachtet habe. Diese Beobachtungen sind natürlich subjektiv; vielleicht sind sie auch nicht auf jeden Fall anwendbar, von dem der Leser Kenntnis hat. Ich bin der Ansicht, daß diese Darstellung, auch wenn Meinungsverschiedenheiten bestehen sollten, das Denken anregt und eine wertvollere und nützlichere Lernhilfe als eine endlose Liste von Adjektiven darstellt. Der Leser sollte die folgenden Ausführungen als Richtlinien und als Fragestellungen ansehen, die zu ergründen sind, und nicht als starren und unveränderlichen Ausdruck einer absoluten Wahrheit.

Aszendent Widder

Spontan, ehrgeizig, rastlos, ungeduldig, brüsk; immer in Eile, jagt er durchs Leben. Diese Menschen können ziemlich rauh sein. Steht Mars in den Fischen, im Krebs oder in einem Erdzeichen, ist das Ungestüm vielleicht ein wenig gedämpft. Die offene, direkte Art der Widder-Sonne, die auf andere oftmals gefühl- und taktlos und mitunter auch beleidigend wirkt, tritt bei dem Menschen mit dem Aszendenten im Widder meist in gemilderter Form auf. Allerdings ist der widder-typische Unternehmungsgeist durchaus noch vorhanden – manchmal sogar in stärkerer Form als bei dem Menschen mit der Widder-Sonne.

Aszendent Stier

Methodische, beherrschte, gemessene Bewegungen, die oft wie eine Pose wirken; mag es nicht, angetrieben zu werden. Ästhetische, genußorientierte Natur. Ob von einer gewissen Trägheit oder von stetigem Leistungsvermögen: muß immer alles auf seine Weise und in seinem eigenen Tempo tun. Die Stellung von Venus gibt über Ehrgeiz und Dynamik der Person Aufschluß. Die Orientierung auf Besitz und das Moment der Trägheit sind nicht so stark ausgeprägt wie bei der Sonne im Stier (letzteres wahrscheinlich, weil die Sonne die grundsätzlichere Lebensenergie darstellt). Für beide Faktoren gilt: Sie möchten alles, was sie tun, genießen; sie verweigern sich jeder Hast, damit sie das Vergnügen vollständig erfahren können, das sie aus dem Hier und Jetzt gewinnen. Beide besitzen eine stark ausgeprägte körperbewußte und sinnliche Lebenseinstellung und ein starkes Bedürfnis nach Nähe, Zuneigung und Sicherheit.

Aszendent Zwillinge

Dieses Aszendenten-Zeichen verleiht wie kein anderes Aufgeschlossenheit und Wißbegier – es läßt aber auch am meisten (vielleicht neben Waage) zu Sorgen neigen. Für gewöhnlich besteht eine gut entwickelte Intelligenz, Neugier und ein großes Bedürfnis nach verbaler Kommunikation. Die Oberflächlichkeit, die mit der Sonne in diesem Zeichen einhergehen kann, ist nicht unbedingt augenfällig; oft aber ist das Denken in verschiedene Bereiche aufgeteilt, die untereinander keine Verbindung aufweisen. Diese Eigenschaft kann für Menschen, die sich auf diese Person verlassen und ihren Worten glauben möchten, äußerst ärgerlich sein. Dabei ist der Mensch mit dem Zwillinge-Aszendenten nicht mit Vorsatz unehrlich; nur weiß seine rechte Hand nicht, was die linke tut. (Ich muß aber noch erwähnen, daß ich zumindest zwei Menschen mit aufsteigendem Zwilling kenne, die sehr verläßlich sind!)

Aszendent Krebs

Ein verständnisvolles, sanftes Verhalten, doch sind Sensitivität und Anteilnahme oftmals genausosehr auf sich selbst wie auf andere gerichtet, weshalb oftmals eine Überempfindlichkeit gegen Benachteiligungen und Kränkungen besteht. In diesem Sinne scheint der aufsteigende Krebs eine oberflächlichere Art von Einfühlungsvermögen für andere zu haben als die Krebs-Sonne, deren Empfindungen und Gefühlsregungen tiefer gehen und persönlicherer Art sind. Der Mensch mit Krebs-Aszendent scheint oftmals reservierter und in sich gekehrter als der mit Krebs-Sonne, welcher aufgrund seiner großen schauspielerischen Fähigkeiten oftmals recht gesellig und offen erscheint. Ein Mensch mit Krebs als aufsteigendem Zeichen ist für gewöhnlich sehr introvertiert, obwohl ich Fälle erlebt habe, bei denen der Mond im Löwen oder einem ähnlich extravertierten Zeichen stand, wo die mehr nach außen gerichteten Neigungen vorherrschend waren.

Aszendent Löwe

Diese Stellung scheint den Menschen oftmals zu motivieren, sich von seiner besten Seite zu zeigen. Das soll nicht heißen, daß der Stolz (oder sogar die Arroganz) des Löwe-Zeichens bei diesem Menschen nicht vorkommt; das bei einer Löwe-Sonne ausgeprägte Bedürfnis, sich anderen gegenüber als Herr aufzuspielen, ist aber zumindest weniger stark. Der Aszendent Löwe scheint zu bewirken, daß die durch die Stellung der Sonne symbolisierte Energie authentisch zum Ausdruck kommt. Personen mit einer Löwe-Sonne zeigen dagegen eine selbstbewußte Zurschaustellung ihrer tieferen Gefühle. Großmut – eine dem Löwen zugeschriebene Eigenschaft – ist eher beim Löwe-Aszendenten als bei der Löwe-Sonne zu beobachten (die um des eigenen Vorteils willen mit einer gewissen Skrupellosigkeit andere manipuliert).

Der Aszendent in diesem Zeichen kann aber auch von einem äußerst distanzierten Verhalten gekennzeichnet sein. Vom Bedürfnis nach Anerkennung und Stolz erfüllt, scheint ihm oft der spontane Humor und die Verspieltheit, wie sie mit der Sonne in diesem Zeichen einhergehen, zu fehlen.

Aszendent Jungfrau

Mit dem Aszendenten in diesem Zeichen ist häufig ein höherer Grad an Selbstbewußtsein als bei der Jungfrau-Sonne zu beobachten. Außerdem scheint hier die Bescheidenheit oftmals der Persönlichkeit eher zu entsprechen: Die Menschen mit dem Jungfrau-Aszendenten akzeptieren, daß sie lernen und voranschreiten müssen, um einen Reifeprozeß zu erleben. Die Selbstkritik, die bei der Sonne in diesem Zeichen den Menschen deprimiert und sogar zu Fall bringt, ist bei dem Jungfrau-Aszendenten auch vorhanden, aber in wesentlich geringerem Ausmaß. Es wirkt, als ob bezüglich der Aszendenten-Stellung die Tendenz herrscht, die Zweifel einfach «abzuarbeiten», statt über sie zu grübeln. Mit der Sonne in diesem Zeichen ist eine sehr konservative und konventionelle Haltung verbunden; beim Aszendenten kann wohl der Eindruck von Zurückhaltung oder Strenge entstehen, doch steckt hinter diesem Erscheinungsbild im allgemeinen eine lebhafte Natur. Was die Analyse von Details anbelangt, ist der Mensch mit der Jungfrau-Sonne dem mit dem Jungfrau-Aszendenten für gewöhnlich überlegen. Beide weisen in den meisten Fällen handwerkliche Fähigkeiten auf.

Aszendent Waage

Oft bedeutet ein Waage-Aszendent eine etwas narzißtische Ichbezogenheit (viel häufiger, als das bei einer Waage-Sonne der Fall ist). Zugleich muß aber auch festgehalten werden, daß mit dem Aszendenten in diesem Zeichen eine größere Aufgeschlossenheit einhergeht (die Waage-Sonne zeigt aufgrund der Erkenntnis, daß das Leben nicht nur aus angenehmen und hellen Dingen besteht, in ihrem Verhalten oft eine gewisse Distanz). Waage als aufsteigendes Zeichen verleiht allen anderen Energien des Horoskops eine persönliche Note; sie bedeutet ein starkes Bedürfnis nach «dem anderen», das intensiver ist als bei der Waage-Sonne (obwohl auch bei diesen Menschen enge Beziehungen von großer Wichtigkeit sind). Was den Waage-Aszendenten betrifft: Oft scheint es, daß diese Menschen ihr ganzes Dasein auf die eine Beziehung (beziehungsweise deren Nichtvorhandensein) in ihrem Leben konzentrieren. Besteht keine Partnerschaft, verliert der Mensch mit dem Waage-Aszendenten manchmal die innere Ausrichtung und erlebt Antriebslosigkeit und Mangel an physischer Energie (Einzelheiten über das Bedürfnis nach Beziehungen können aus der Stellung der Venus im Horoskop abgeleitet werden). Dem Anschein nach sind mit dem Aszendenten in diesem Zeichen eine größere Oberflächlichkeit sowie eine romantischere Einstellung dem Leben gegenüber verbunden, als es bei der Sonne der Fall ist (letztere ist für gewöhnlich tiefgründiger, als sie zu sein vorgibt, weist aber auch gewisse zynische Züge auf).

Aszendent Skorpion

Bekannt für die Intensität in ihrem Wesen, werden Menschen mit dem Aszendenten in diesem Zeichen oft mit der Heilkunst, der Erforschung der Motive anderer Menschen (zum Beispiel bei der Psychotherapie), mit der Erforschung des Unbekannten sowie der Esoterik in Verbindung gebracht. Oft ist etwas über den Mut des Skorpions zu lesen – es fehlt aber dabei der Hinweis auf das Ausmaß der Angst, das seine Handlungen motiviert.

Für den Skorpion ist Angriff die beste Verteidigung. Menschen mit einem Skorpion-Aszendenten befinden sich ständig in der Verteidigung (stärker als Personen mit der Sonne in diesem Zeichen). Deshalb, und weil Skorpion auch «emotionalen Radikalismus» bedeutet, kann bei diesem Aszendenten jede positive Eigenschaft in eine kraftvolle negative umschlagen. In der Tat hat der aufsteigende Skorpion einen – nicht unbegründeten – «schlechten Ruf». Kein anderes Zeichen kann sich bezüglich des Aszendenten im Hinblick auf Rachsucht, Rücksichtslosigkeit und Eifersucht mit ihm messen. Sein Verhalten ist oftmals motiviert von Gedanken an Vergeltung sowie einer manchmal geradezu paranoiden Besessenheit, sich zu behaupten. Deutlich wird dies häufig in Form einer Abneigung dagegen, irgend etwas loszulassen – sei es nun Geld oder ein Gefühl. Es besteht eine ungemein große Angst davor, sich gehenzulassen und die Beherrschung zu verlieren.

Menschen mit Skorpion-Aszendent sind in der Lage, die tieferen Motive und Empfindungen anderer wahrzunehmen – wenn sie nicht ihre eigenen Motive auf diese projizieren. Oftmals verfügen sie über große Flexibilität und Einfallsreichtum und widmen sich mit Hingabe einer schwierigen Herausforderung oder Lebensaufgabe. Die oben erwähnten negativen Eigenschaften treten bei der Skorpion-Sonne nicht oder deutlich abgemildert hervor. Man findet in diesem Falle eine sehr große Loyalität engen Freunden gegenüber sowie manchmal auch eine weniger stark ausgeprägte Neigung, sich selber zu zerstören. Bei der Betrachtung des Herrschers des Aszendenten ist das Mars-Zeichen von größerer Wichtigkeit als das, in dem Pluto steht. Ein konstruktiver Umgang mit Mars kann bei der Kanalisierung und Transformation der selbstzerstörerischen Skorpion-Energie helfen.

Aszendent Schütze

Optimismus, Schwung, Begeisterung und Großzügigkeit – Eigenschaften, die man bei Menschen mit der Sonne im Schützen oft, aber nicht immer, findet.– sind fast in allen Fällen beim Aszendenten in diesem Zeichen zu beobachten. Alle, die ich persönlich kennengelernt habe, sind gewissermaßen «Spaßmacher» (das trifft sogar dann zu, wenn das Leben von Enttäuschungen oder Hindernissen geprägt ist).

Dem Schütze-Prinzip wohnt die Neigung inne, die eigenen Überzeugungen als allgemeine Wahrheiten zu verkünden. Menschen mit dem Aszendenten in diesem Zeichen bringen diese Überzeugungen zumeist aber auf tolerantere Art und in inspirierenderer Form zum Ausdruck. Die «Gardinenpredigt» eines Menschen mit einer Schützen-Sonne erweckt dagegen oftmals das Gefühl, von «der Wahrheit erschlagen zu werden» (Selbstgerechtigkeit ist bei Menschen mit der Schütze-Sonne in deutlicherer Ausprägung vorhanden). Weitgehend fremd ist dem Schütze-Aszendenten die ziel- und antriebslose Unzufriedenheit, die bei Menschen mit der Schütze-Sonne oft wahrzunehmen ist; bezüglich des Aszendenten besteht anscheinend eine größere Neigung, gemäß einem Ideal tätig zu werden, während es bezüglich der Sonne häufig bei geistigen beziehungsweise theoretischen Erwägungen bleibt.

Aszendent Steinbock

Steinbock als aufsteigendes Zeichen bringt – mehr als die Steinbock-Sonne – häufig einen hohen Grad an Negativität und Skepsis zum Ausdruck. In beiden Fällen ist der vermeintliche Zynismus und die Verachtung des Neuen oftmals eine Schutzhülle für eine sensible, wißbegierige und in vielen Fällen sogar spirituell aufgeschlossene Natur. Dem Steinbock-Prinzip widerstrebt es, Zeit mit Ideen zu verschwenden, die womöglich abseitig sind; ein konkretes Indiz – das sogar unorthodoxer Natur sein kann – reicht aus, das Interesse zu wecken und die Skepsis beiseitezuwischen.

Sowohl die Steinbock-Sonne als auch der Steinbock-Aszendent beschäftigen sich intensiv mit der äußeren Form und dem Ruf. Beim Aszendenten scheint die öffentliche Meinung aber von noch größerer Bedeutung zu sein, was zu einem verstärkten Bemühen führt, sich «normal», konservativ und zuverlässig zu geben. Bezüglich der Sonne ist Leistung, Autorität und der weltliche Erfolg von höherer Wichtigkeit; dem Menschen mit dem Steinbock-Aszendenten scheint es manchmal schon zu genügen, als zuverlässig eingeschätzt zu werden. Für beide gilt, daß sich Beziehungen zu anderen aufgrund ihrer unbestimmten Art oftmals problematisch gestalten (wenngleich anzufügen ist, daß die Schwierigkeiten mit Zweierbeziehungen sich eher bei Menschen mit der Steinbock-Sonne zeigen).

Aszendent Wassermann

Eine unkonventionelle, rebellische Veranlagung kennzeichnet sowohl die Wassermann-Sonne als auch den Wassermann-Aszendenten; typisch ist – auch wenn dies vielleicht nicht offen zum Ausdruck kommt – eine für gewöhnlich lebenslange Bejahung des Neuen, der Phantasie und des Prinzips des Revolutionären. Menschen mit einem Wassermann-Aszendenten scheinen oftmals etwas verrückt oder exzentrisch zu sein, und tatsächlich besteht häufig eine von rebellischen Gefühlen geprägte Innenwelt. Für gewöhnlich sind diese Menschen aber stärker auf die Konvention eingestimmt, als dies bei den meisten Persönlichkeiten mit der Wassermann-Sonne der Fall ist. Beide verfügen über eine rasche Wahrnehmungs- und Denkungsart sowie eine schnelle Auffassungsgabe, womit sie langsamere Freunde mitunter verblüffen. Beiden ist auch eine kühle Distanz eigen, die auf emotional sensible Menschen frustrierend oder gar schockierend wirken kann (Zurückhaltung und unpersönlicher Selbstausdruck sind bei der Wassermann-Sonne noch verstärkt). Der traditionelle Herrscher des Wassermannes, Saturn, scheint von größerer Wichtigkeit als der moderne Herrscher Uranus zu sein – seine Stellung in Haus und Zeichen muß beim Aszendenten Wassermann in jedem Fall untersucht werden.

Aszendent Fische

Weil die Sonne in den Fischen in eher schwacher Form zum Ausdruck kommt, treten die anderen Horoskop-Faktoren hervor. Es scheint bezüglich der Fische-Sonne mehr unterschiedliche Ausprägungen zu geben, als es beim Fische-Aszendenten der Fall ist. Letzterer wirkt sich bei fast allen Menschen als Sensibilität, Mitleid, Phantasie und Hilfsbereitschaft aus. Er weist ferner eine Stärke des Charakters auf, die der so oft passiven, ausweichenden, die Realität und Verantwortung fliehenden Fische-Sonne abgeht. Wahrscheinlich sind die Charakterstärke und die Tatkraft, die bei so vielen Menschen mit einem Fische-Aszendenten in Erscheinung treten, mit dem alten Fische-Herrscher Jupiter in Verbindung zu bringen; dessen Eigenschaften sind sehr oft augenfälliger als die des modernen Herrschers Neptun. In der Tat sollte man bei Menschen mit einem Fische-Aszendenten immer auf die Stellung Jupiters bezüglich des Zeichens und des Hauses achten – aufschlußreiche Einblicke in das Wesen werden die Folge sein. Neben ihrer einfühlsamen und hilfsbereiten Art reagieren Personen mit den Fischen als aufsteigendem Zeichen oft mit Gleichmut und einer philosophischen Gelassenheit, wenn sie ein Unglück erleben. Wie bei den Menschen mit einem Jungfrau-Aszendenten (dem gegenüberliegenden Zeichen) besteht auch hier nicht das Bedürfnis, für Unterstützung der anderen öffentliches Lob und Anerkennung zu erhalten.

MC

Das Medium Coeli (MC)

Wenn wir älter und reifer werden, bemühen wir uns im allgemeinen, die Ziele und Träume unserer Jugendzeit in die Realität umzusetzen. Das Zeichen des Medium Coeli (der Himmelsmitte), die Stellung seines Herrschers und Planeten im 10. Haus symbolisieren diesen Prozeß. Obwohl das Zeichen der Himmelsmitte nicht immer im äußeren Leben in Erscheinung tritt, ist es doch ein wichtiger Teil des Geburtshoroskops, da es die Entwicklung und Manifestation unserer beruflichen Begabung und unsere Art, uns in der Welt zu behaupten, zum Ausdruck bringt. Fast alle astrologischen Texte beschreiben die Himmelsmitte (oder das MC, wie sie oft abgekürzt wird) als Symbol für unsere «Karriere» oder für unseren «Platz in der Welt». Es geht um diese und einige andere Dinge mehr.

Ein junger Mensch identifiziert sich in den wenigsten Fällen mit den Energien, die durch das Zeichen am MC repräsentiert werden (eine Ausnahme stellt natürlich dar, wenn sich einer oder mehrere der persönlichen Planeten in diesem Zeichen befinden). Die Himmelsmitte symbolisiert Qualitäten und Eigenschaften, in die wir mit zunehmendem Alter hineinwachsen, was uns aber eine gewisse Anstrengung abverlangt. Die Himmelsmitte repräsentiert Leistung, Autorität, den potentiellen Beitrag zur Gesellschaft und den Beruf oder die «Berufung». Wenn man lernt, die vom Zeichen am MC repräsentierte Energie zum Ausdruck zu bringen, wird man Erfüllung erfahren.

Der Herrscher der Himmelsmitte

Der Herrscher des Zeichens am MC ist nicht nur im Sinne einer allgemeinen symbolischen Bedeutung wichtig, sondern konkret deshalb, weil seine Hausposition zeigt, wo sich deine wahre Berufung am intensivsten zeigt. Dieses Haus repräsentiert einen Erfahrungsbereich, wo du aus deinem tiefsten Inneren heraus deine Berufung erkennen kannst. Wenn dein MC in einem Zeichen steht, das einen traditionellen und einen modernen Herrscher hat, kann die Hausposition *beider* Planeten von Bedeutung sein. Was das *Zeichen* angeht, ist es für gewöhnlich aufschlußreicher, den traditionellen Herrscher zu betrachten.

Planeten im 10. Haus und Aspekte zum MC

Alle Planeten des 10. Hauses sowie insbesondere die, die zum MC in Konjunktion stehen (diese auch aus dem 9. Haus heraus), verkörpern Qualitäten, Seins- und Handlungsweisen, die für die Persönlichkeit außerordentlich wichtig sind und die sie achtet. Aufgrund dieser Achtung zeigen die Menschen diese Eigenschaften häufig in der Öffentlichkeit, damit andere eine gute Meinung von ihnen bekommen.

Enge Aspekte zur Himmelsmitte können eine fast ebenso intensive Wirkung wie die Konjunktion zeigen. Dabei ist nicht die Art des Aspekts von entscheidender Bedeutung, sondern dessen Exaktheit sowie der beteiligte Planet. Traditionsgemäß werden diese Aspekte mit unserem öffentlichen Selbstausdruck, unserer Karriere und mit beruflichen Zielen in Verbindung gebracht. Jeder Planet, der im engen Aspekt zur Himmelsmitte steht, weist auf eine Energieart und eine Form der Ausrichtung hin, die für das Erreichen unserer Stellung in der Welt grundlegend wichtig ist; er trägt dazu bei, unseren Beitrag für die Gesellschaft zu leisten.

Steht zum Beispiel Venus im engen Aspekt, ist es von Wichtigkeit, daß der Beitrag für die Gesellschaft etwas Künstlerisches oder Schönes beinhaltet. Wahrscheinlich ist der Austausch von Mensch zu Mensch für den Selbstausdruck in der Öffentlichkeit von besonderer Bedeutung, und wahrscheinlich besteht das Bestreben, kooperativ und auf freundliche Art und Weise einen Beitrag für die Gesellschaft zu leisten.

Ein weiteres Beispiel: Bei drei Verlegern, die mir im Augenblick einfallen, steht Jupiter jeweils im sehr engen Aspekt zur Himmelsmitte: einmal in Konjunktion, bei den anderen beiden im Sextil. Jupiter steht in der astrologischen Tradition für Veröffentlichungen.

KAPITEL 7

INTERPRETATIONS-RICHTLINIEN FÜR DIE HÄUSER

Die Häuser repräsentieren die *Erfahrungsbereiche,* in denen die Energien der Zeichen und Planeten zur Wirkung kommen. Dabei symbolisieren sie nicht nur die äußeren Erfahrungen und die Verhältnisse, das Milieu, wie die meisten Astrologen meinen; sie enthüllen auch etwas über unseren inneren Zustand, über unsere persönlichen, subjektiven Erfahrungen und Einstellungen. Anhand der Plazierung der Planeten im Geburtshoroskop kann ein Astrologe sagen, welche Erfahrungsebenen und –bereiche im Leben eines Menschen betont sein werden. Das System der Schlüsselworte, das auf den folgenden Seiten wieder Anwendung findet, soll die Interpretation der Häuser und ein grundlegendes Verständnis deren inneren psychologischen Bedeutungen erleichtern. Es handelt sich hier um den Versuch, die wesentlichen Bedeutungen der Erfahrungsbereiche, die wir als «Häuser» bezeichnen, zu erkennen. Die richtig verstandenen, wesentlichen Bedeutungen können die verschiedenen Aktivitäten und Erfahrungen erhellen, die die astrologische Tradition mit den Häusern in Verbindung bringt.

Die ganzheitliche Betrachtung der Häuser

Wenn wir das Wesen der Häuser, in denen sich Planeten befinden, näher betrachten, erschließt sich uns eine ganzheitliche Sicht des Horoskops. Der Überlieferung gemäß unterscheidet man zwischen Eckhäusern, fixen Häusern und veränderlichen Häusern.

Die Eckhäuser *(Haus 1, 4, 7, 10)*

verkörpern eine aus sich selbst heraus aktive Lebenseinstellung. Sie haben einen unmittelbaren Einfluß auf unsere Lebensstruktur. Das Schlüsselwort ist ***Aktion.***

Die fixen Häuser *(Haus 2, 5, 8, 11)*

werden mit persönlichen Wünschen und jenen Lebensbereichen in Verbindung gebracht, in denen wir herrschen und vereinigen beziehungsweise konkretisieren wollen. Das Schlüsselwort ist ***Sicherheit.***

Die veränderlichen Häuser *(Haus 3, 6, 9, 12)*

stellen Bereiche des Aufnehmens, des Austausches und der Verbreitung von Gedanken und Beobachtungen dar. Das Schlüsselwort ist ***Lernen.***

Die immergleiche Abfolge der Häuser – vom Eckhaus über das fixe zum veränderlichen Haus – symbolisiert den Fluß des Lebens: Wir handeln; das, was sich aus unserem Handeln ergibt, benutzen wir, um Sicherheit zu gewinnen, und aus dem, was wir getan haben, lernen wir und werden dessen gewahr, was noch zu tun bleibt (was uns wieder dazu bringt zu handeln). Der Mensch, bei dem einer der Häusertypen durch viele Planeten betont ist, wird dementsprechend viele Herausforderungen erfahren und seine Energien dementsprechend einsetzen: in Verbindung mit seinem Handeln, seinen Vorstellungen von Sicherheit oder im Bereich des Lernens.

So, wie jeweils drei Zeichen einem Element zugeordnet sind, können auch die Häuser in Dreiergruppen eingeteilt werden. Man stellt dazu eine Analogie zwischen Zeichen und Häusern her. Schlüsselbegriffe und Richtlinien zum Verständnis dieser Gruppen folgen. Dabei ist zu beachten, daß Bezeichnungen wie «Dreiheit der Psyche» und «Dreiheit des Wohlstandes» alte Begriffe sind; sie sollen hier als zweckdienliche Etiketten dienen.

Wasserhäuser
(«Die psychische Dreiheit» – *Haus 4, 8 und 12):*

Diese Häuser haben mit der Vergangenheit zu tun, mit den konditionierten Reaktionen, die jetzt wie natürliche Instinkte und Emotionen wirken. Planeten in diesen Häusern bringen zum Ausdruck, was auf unterbewußten Ebenen geschieht; sie zeigen den Prozeß der Bewußtwerdung an, in dem wir das Wesentliche aus der Vergangenheit assimilieren und die nutzlosen Erinnerungen und Ängste loslassen, die uns behindern. Sind bei einem Menschen diese Häuser betont, lebt er sehr stark in seiner Gefühlswelt und in seinen Sehnsüchten. Emotionale und seelische Bedürfnisse beanspruchen in diesem Fall einen Großteil der Lebensaktivität und –energie. Planeten in den Wasserhäusern bringen die emotionale Empfänglichkeit eines Menschen zum Ausdruck, und wie er sich mit intensiven Gefühlen auseinandersetzt. Sie zeigen, wie eine Person mit ihren Bedürfnissen umgeht und inwieweit wirklich das eigene innere Leben gelebt wird. Schlüsselwörter für die Wasserhäuser: ***emotional*** und ***seelisch.***

Erdhäuser
(«Die Wohlstands-Dreiheit» – *Haus 2, 6, 10):*

Thema ist hier jene Erfahrungsebene, auf der wir versuchen, unsere konkreten, praktischen Grundbedürfnisse zu befriedigen. Planeten in diesen Häusern verweisen auf Energien, die am geeignetsten sind, in der Außenwelt und zur effektiven Verwaltung unserer Mittel eingesetzt zu werden. Herrscht eine Betonung dieser Häuser vor, sind die Energien zum großen Teil auf die Außenwelt ausgerichtet. Menschen mit dieser Betonung bauen auf, handeln, erbringen Leistungen, erwerben Fertigkeiten und Kenntnisse und definieren den Sinn des Leben über die erreichte Stellung und Sicherheit; sie suchen sich den Platz im Leben, an dem sie am meisten leisten und am leichtesten ihre praktischen Bedürfnisse erfüllen können. Diese Menschen erfahren sich selbst am unmittelbarsten durch Arbeit und durch praktische Leistungen, durch das Gefühl, nützlich zu sein. Planeten in den Erdhäusern beeinflussen die Einstellung zu Beruf, beruflichem Ehrgeiz und der Fähigkeit, erfolgreich zu wirken. Da mit den Erdhäusern in erster Linie eine Beschäftigung mit der konkreten Außenwelt einhergeht, ist das Schlüsselwort: ***materiell.***

Feuerhäuser

(«Die Lebens-Dreiheit» – *Haus 1, 5, 9):*

Diese Häuser zeigen, welche Einstellung wir zum Leben haben und wie wir unser Am-Leben-Sein erfahren. Sie repräsentieren das Ausströmen von Energie in die Welt sowie die dieser zugrundeliegende Bestreben und Inspirationen. Der Mensch, dessen Feuerhäuser stark besetzt sind, lebt oft in seinen Schwärmereien, Idealen und Zukunftsträumen. Vertrauen und Zuversicht (oder das ebenfalls aussagekräftige Fehlen dieser Eigenschaften) und das Bedürfnis, durch eigene Initiative die ganze Welt zu beeindrucken, beherrschen einen Großteil der Lebensaktivität. Dieser Mensch erfährt sich selbst am unmittelbarsten, indem er Träume in die Welt projiziert und sieht, wie diese Realität werden. Planeten in den Feuerhäusern bringen die grundsätzliche Einstellung zum Leben sowie den Glauben des Menschen an sich selbst und sein Selbstvertrauen zum Ausdruck. Weil unser Gefühl für uns selbst, unser Seinsempfinden unsere Haltung zum Leben bestimmt, ist das Schlüsselwort in diesem Falle: ***Identität.***

Lufthäuser
(«Die Beziehungs-Dreiheit» – *Haus 3, 7, 11):*

Diese Häuser stehen nicht nur mit sozialen Kontakten und allen Arten von Beziehungen in Verbindung, sondern auch mit Konzepten. Der Mensch, in dessen Horoskop diese Häuser stark besetzt sind, lebt im Denken und in Beziehungen. Konzepte und die Kommunikation über diese bestimmt einen Großteil seiner Lebensaktivität. Er erfährt sich selbst am unmittelbarsten durch das Gefühl, von anderen verstanden zu werden, und indem er die Realität und Bedeutung bestimmter Ideen oder Theorien wahrnimmt oder zum Ausdruck bringen kann. Planeten in den Lufthäusern bedeuten im allgemeinen vielerlei Interessen und Assoziationen, einen guten verbalen Ausdruck und ein angeregtes gesellschaftliches Leben. Schlüsselwörter sind: ***sozial*** und ***intellektuell***

Hier noch einmal eine kurze Zusammenfassung der Schlüsselwörter:

Ausdrucksform

Eckhäuser:	Bedürfnis nach Aktivität
fixe Häuser:	Bedürfnis nach Sicherheit
veränderliche Häuser:	Bedürfnis zu lernen

Erfahrungsebene

Wasserhäuser:	seelisch, emotional
Erdhäuser:	materiell
Feuerhäuser:	die Identität betreffend
Lufthäuser:	sozial und intellektuell

Das 4. Haus:

der Bereich unmittelbarer Aktion auf der emotionalen und seelischen Ebene

Alles Handeln auf dieser Ebene der Erfahrung wird von Faktoren bedingt, die außerhalb unserer Kontrolle liegen. Der Überlieferung gemäß steht das 4. Haus – unter anderem – mit Heim und Familie in Verbindung. In welchem anderen Lebensbereich handeln wir so sehr auf der Basis von Gewohnheit und Emotionen wie im Umgang mit der Familie? Das 4. Haus verkörpert auch das Heim als eine Quelle der Regeneration und des Gehegt-und-gepflegt-Werdens (beziehungsweise das Fehlen desselben).

Menschen mit einer Betonung dieses Hauses handeln oft aus ihrem tiefsten emotionalen Inneren heraus, wobei sie die wesentlichen Kindheits- und Jugenderlebnisse zum Ausdruck bringen. Diese Menschen sehnen sich nach Frieden für ihr persönliches Selbst; es besteht oft ein starkes Bedürfnis nach Zurückgezogenheit. Oftmals wird Aktivitäten nachgegangen, die das innere Leben fördern und die seelische Entwicklung unterstützen.

Das 8. Haus:

das Bedürfnis, emotionale und seelische Sicherheit zu finden

Die mit diesem Haus in Verbindung gebrachte stark entwickelte Sexualität ist nicht oder zumindest nicht entscheidend instinktbedingt; ihr liegt der Wunsch zugrunde, im Verschmelzen mit einem anderen Menschen wirkliche emotionale Sicherheit zu erfahren. Manche Menschen versuchen auch, dieses Gefühl der Sicherheit durch Macht und Einfluß über andere oder durch finanzielle Aktivitäten zu erlangen. Wenn auch materielle Werte, Macht, Sex oder psychologisches Wissen aus einem gewissen Schutzbedürfnis heraus gesucht werden: Der Mensch mit einem stark besetzten 8. Haus kann nur dann wirkliche emotionale und seelische Sicherheit erfahren, wenn er sich seinen emotionalen Konflikten und Tumulten stellt.

Mit diesem Haus stehen Probleme und Aktivitäten in Verbindung, die mit der Freisetzung von Energie in den verschiedensten Formen zu tun haben: Der Prozeß des Heilens, okkulte Studien, Sex, Methoden der Transformation, Investitionen und Zahlungsverpflichtungen. Die okkulten Studien sind vor allem zu verstehen als Hilfsmittel, um inneren Frieden durch das Wissen um die tiefsten Gesetze des Lebens zu erreichen. Die Sexualität ist zu sehen als Ausdruck des Dranges, in der Vereinigung mit etwas Größerem wiedergeboren zu werden. Zusammenfassend läßt sich sagen, daß dieses Haus das Verlangen nach einem tiefen emotionalen Frieden symbolisiert, der nur zu erreichen ist, wenn die Wünsche und Beschränkungen des eigenen Willens überwunden werden.

Das 12. Haus:

der Bereich des Lernens auf der emotionalen und seelischen Ebene

Dieses Lernen findet statt durch die stufenweise – mit Einsamkeit und tiefem Leid einhergehende – Entwicklung des Bewußtseins sowie durch selbstlosen Dienst oder durch die Hingabe an ein höheres Ideal. Auf der innersten, tiefsten Ebene zeigt dieses Haus den Drang an, sich einer größeren Einheit oder einem transzendentalen Ideal zu widmen und durch das Freiwerden von vergangenen Gedankenmustern und Handlungen inneren Seelenfrieden zu finden.

Die Erdhäuser

Das 10. Haus:

Aktion auf der materiellen Ebene

Traditionsgemäß gilt dieses Haus als Repräsentant unserer Stellung in der Welt, unseres öffentlichen Ansehens, Ehrgeizes und Berufs. Die Handlungsweise eines Menschen in der Außenwelt begründet seinen Ruf – für ein erfolgreiches Handeln muß man über Autorität beziehungsweise Ansehen, Einfluß und Glaubwürdigkeit verfügen (was andere Bedeutungen des 10. Hauses sind). Diese Begriffe verdeutlichen die traditionelle Beziehung dieses Hauses zu den Zielen, die man durch sein Wirken in der Welt zu erreichen hofft und zu deren Realisierung man sich berufen fühlt. Letzterem liegt ein Gefühl der schicksalhaften Bestimmung zugrunde, welche über den persönlichen Ehrgeiz hinausgeht.

Das 2. Haus:

materielle Sicherheit

Dieses Schlüsselwort bringt die Beziehung treffend zum Ausdruck, die zu Geld, Einkommen, Besitztümern und dem Wunsch, Dinge und Menschen zu beherrschen, besteht. Das zugrundeliegende Prinzip ist schnell zu erkennen: Viele Menschen mit einer starken Besetzung des 2. Hauses sehnen sich nach Sicherheit in der materiellen Welt; um diese Sicherheit zu erfahren, benötigen sie viele Mittel – Geld inbegriffen. Die Einstellung diesen Dingen gegenüber wird von den Faktoren des 2. Hauses zum Ausdruck gebracht.

Eine andere Quelle von materieller Sicherheit, die bei diesen Menschen oftmals zu finden ist, liegt in der Erfahrung der Natur und dem daraus resultierenden entspannenden und stabilisierenden Einfluß. Für viele ist die angeborene Verbundenheit mit ihrer natürlichen Umgebung von ungemein großer Bedeutung und eine ebensogroße Quelle von Sicherheit wie materieller Besitz. Demselben Prinzip zufolge läßt sich auch feststellen, daß die Liebe zur Form und zu Gegenständen ein Ausdruck der starken Beziehung zur Erde ist.

Das 6. Haus:

Arbeit, Gesundheit, Dienst, Verpflichtungen und Hilfsbereitschaft

Wenn wir uns klarmachen, daß das zugrundeliegende Prinzip die Erfahrung des Lernens durch die Beschäftigung mit dem Konkreten ist, verstehen wir sogleich, was dahintersteckt. Wir lernen über die Bedürfnisse und Beschränkungen unseres materiellen Körpers in erster Linie durch gesundheitliche Probleme; wir gewinnen praktische Erkenntnisse über uns selbst bei der Durchführung unserer täglichen Arbeiten und Pflichten. Diese Erfahrungsbereiche helfen uns – sowohl in physischer als auch in psychischer Hinsicht –, Bescheidenheit zu erlernen, unsere Grenzen zu akzeptieren und für unseren eigenen Gesundheitszustand die Verantwortung zu übernehmen. Wenn wir begreifen, daß das 6. Haus eine Phase der Reinigung, der Verfeinerung und der Entwicklung von Bescheidenheit durch den unmittelbaren Kontakt mit der materiellen Erfahrungsebene verkörpert, dann sind wir auf dem Weg der Erkenntnis.

Die Feuerhäuser

Das 1. Haus:

Identität durch Aktion

Das kardinale Eckhaus der Feuerhäuser. Der Überlieferung nach wird dieses Haus mit der Energie und der Erscheinungsform des Körpers in Beziehung gesetzt. Wenn wir das oben angeführte Prinzip bedenken, merken wir, daß der Körper in der Tat unsere Identität in Aktion darstellt. Andere erkennen uns an der charakteristischen Weise unserer körperlichen Bewegungen und unseres Ausdrucks, wodurch sie beeinflußt werden. Das Schlüsselwort weist aber auch auf unsere ureigenste Art der Kreativität und Initiative sowie des Führungsstils und Selbstausdrucks hin. Diese im 1. Haus gezeigten Faktoren entsprechen uns auf einzigartige Weise.

Das 5. Haus:

Das Streben nach Sicherheit unserer Identität

Es ist das fixe Feuerhaus. Menschen mit einer starken Besetzung dieses Hauses sind um ein Gefühl der Sicherheit ihrer selbst bemüht, welches sie zum Ausdruck bringen, indem sie sich mit Dingen oder Menschen identifizieren, in denen sie sich selbst erkennen. Dabei kann es sich um Selbstgeschaffenes handeln oder um geliebte Menschen oder Dinge, die von anderen anerkannt oder bewundert werden und Beachtung finden. Der Versuch, ein sicheres Identitätsgefühl zu entwickeln, und der starke Wunsch nach Identifikation spiegeln sich bei den Faktoren wider, die man üblicherweise mit diesem Haus in Verbindung bringt: Kinder, Kreativität und Liebesaffären.

Dieses Haus steht auch mit Risiken in Beziehung. Das Moment des Risikos bezüglich des 5. Hauses fällt ins Auge: Glückspiel, Liebesaffären, Umgang mit Kindern, Kreativität und öffentliches Auftreten bergen immer unvorhersehbare Umstände. Wir können daraus ablesen, daß wir uns unserer Identität sicherer werden, wenn wir etwas zu riskieren lernen. Ein starres, statisches Identitätsgefühl beinhaltet keine Sicherheit.

Das 9. Haus:

Lernen auf der Ebene der Identität

Das veränderliche Feuerhaus. Wir müssen im 9. Haus lernen, wer wir wirklich sind. Dieses fundamentale Prinzip liegt allen Religionen und philosophischen Systemen, Reisen, kurz: allem, womit das 9. Haus in Verbindung gebracht wird, zugrunde. Menschen mit einer Betonung des 9. Hauses fühlen sich zu Aktivitäten hingezogen, die eine Erweiterung ihres Horizontes und ihrer Selbsterkenntnis bewirken und die Verständnis wecken für die menschliche Natur und die Weiten des Universums. Menschen mit einem starken 9. Haus brauchen das Gefühl, sich persönlich entfalten zu können. Sie müssen das Empfinden von Weite und unbegrenzten Möglichkeiten haben.

Das 7. Haus:

Aktion auf der sozialen und kommunikativen Ebene

Der Erfahrungsbereich dieses Hauses sind Zweierbeziehungen. Von der Qualität der persönlichen Beziehungen hängen alle gesellschaftlichen Strukturen und Aktivitäten ab. Auf der individuellen Ebene hat die Qualität der wichtigsten Partnerschaft eine Wirkung, die alle anderen Lebensbereiche durchdringt. Diese beeinflußt die Gesundheit, finanzielle Mittel, die Sexualität, beruflichen Erfolg, sie macht sich bemerkbar bei der Erziehung der Kinder etc. Insofern wird deutlich, warum Partnerschaften auch für unser gesellschaftliches Leben und für unsere intellektuelle Entwicklung von großer Bedeutung sind.

Das 11. Haus:

Streben nach sozialer und intellektueller Sicherheit

Im 11. Haus, dem fixen Lufthaus, neigt der Mensch dazu, sich Gruppen anzuschließen oder sich mit Freunden zusammenzutun, die seine intellektuellen Neigungen zumindest im großen und ganzen teilen. Die Suche nach intellektueller Sicherheit führt mitunter zu komplexen – politischen, metaphysischen oder wissenschaftlichen – Gedankensystemen. Will ein Mensch mit einem starken 11. Haus tatsächlich die so begehrte Sicherheit erlangen, sollte er sich auf intensive Art und Weise mit einem Ziel identifizieren, das nicht nur seine persönlichen Wünsche berücksichtigt, sondern auch mit den Bedürfnissen der ganzen Gesellschaft in Einklang steht.

Das 3. Haus

Bereich des Lernens auf der gesellschaftlichen und intellektuellen Ebene

Dieses Haus repräsentiert alle Arten von Informationsaustausch, wie zum Beispiel die kommunikativen Fähigkeiten, Medienarbeit, Handel etc. Liegt eine starke Betonung des 3. Hauses vor, besteht zumeist ein tiefes – manchmal unerfüllbares – Bedürfnis nach Kommunikation; oft kann mit den unterschiedlichsten Menschen auf lockere und freundliche Weise über die verschiedensten Dinge geredet werden (entsprechend den Planeten in diesem Haus). Während das Lernen des 9. Hauses mit dem Gebrauch des inspirierten intuitiven Denkens vor sich geht, findet Lernen in diesem Haus durch die Anwendung der eigenen Logik, Vernunft und grenzenlosen Neugier statt.

Das 3. Haus repräsentiert nicht nur alle Formen der Kommunikation, sondern auch die Art und Weise, wie das eigene Denken funktioniert. Planeten in diesem Haus enthüllen, wie wir unser Denkvermögen einsetzen, unsere Gedanken mitteilen und welche Wirkung unsere Gedankenmuster auf unser Leben im allgemeinen haben.

Interpretations-Richtlinien für die Planeten in den Häusern

Der Leser wird auf den nächsten Seiten feststellen, daß die Interpretations-Richtlinien für die Planeten in den Häusern nicht so differenziert sind wie die für die Planeten in den Zeichen. Dafür gibt es gute Gründe. Zum einen bevorzuge ich bezüglich der Häuser eine flexiblere Vorgehensweise, da diese unendlich viele abgeleitete Bedeutungen haben, in denen die Umstände, Wertvorstellungen, Hintergründe und Bewußtseinsstufen des einzelnen ein völlig einzigartiges Muster bilden. Zum zweiten sind die Planeten in den Zeichen relativ einfach abzuhandeln, da hier die Lebensenergien zum Ausdruck kommen, während die Häuser gewissermaßen im Hintergrund stehen. Man kann sehr gute astrologische Arbeit leisten, ohne überhaupt Häuser zu benutzen (was man tun muß, wenn keine exakte Geburtszeit vorliegt). Um es in Zahlen auszudrücken: 60 – 90% praktisch anwendbare Astrologie ist ohne Betrachtung der Häuser möglich. Als letztes ist noch anzuführen, daß die isolierte Betrachtung der Stellung eines Planeten bezüglich des Hauses oft zu äußerst ungenauen Bewertungen führt. Das liegt daran, daß die Stellung des Planeten in seinem Zeichen und die Betrachtung seiner Aspekte von größerer und übergeordneter Wichtigkeit ist. Des weiteren ist neben der Entwicklung wirklich zuverlässiger Richtlinien anzuraten, sich der Realität durch den Dialog zu nähern.

Die auf den beiden nächsten Seiten folgenden vier Richtlinien halte ich für gut geeignet und zuverlässig, um das Geburtshoroskop und das sich in diesem spiegelnde Leben des Menschen zu verstehen.

Die Häuser zeigen, was unsere Aufmerksamkeit auf sich zieht. Je mehr Planeten in einem Haus stehen, desto mehr Aufmerksamkeit muß diesem Erfahrungsbereich geschenkt werden.

Die Häuser zeigen, wo wir unserem Wesen gemäß unsere Energien einsetzen. Wir drücken die Energie eines Planeten in den Aktivitäten und Erfahrungen aus, die mit dem Haus in Beziehung stehen, in dem der Planet sich befindet.

Beispiel: ***Venus im 4. Haus***
Die emotionale beziehungsweise sexuelle Energie der Venus kommt am natürlichsten im privaten Umfeld und in den Erfahrungen zum Ausdruck, die mit häuslichen, familiären oder elterlichen Angelegenheiten verbunden sind. Der Wunsch nach Vergnügen und Geselligkeit wird am leichtesten im Privatleben und im eigenen Heim umgesetzt.

Die Stellung eines Planeten in den Häusern zeigt, wo wir direkt und unmittelbar den Erfahrungen begegnen, die vom Planeten symbolisiert werden.

Beispiel: ***Venus im 4. Haus***
Man begegnet der Erfahrung von Liebe und emotionaler Anteilnahme am unmittelbarsten bei privaten Aktivitäten, bei der Gründung einer Familie oder bei der Verfolgung der eigenen seelischen Entwicklung.

Die Stellung eines Planeten in den Häusern zeigt, wo wir von Natur aus versuchen, die Bedürfnisse, die dieser Planet symbolisiert, zu erfüllen.

Beispiel: ***Merkur im 7. Haus***
Man versucht, seine intellektuellen Bedürfnisse und das Bedürfnis nach Kommunikation durch enge Beziehungen in verschiedenen Partnerschaften zu befriedigen.

Die Stellung der Planeten in den Häusern – Interpretations-Richtlinien

Wenn man die folgenden Richtlinien in einem Dialog – statt in dem traditionellen astrologischen «Vortrag» – zur Anwendung bringt, werden sich für beide Beteiligte überraschende gemeinsame Entdeckungen ergeben.

☉ *In dem Haus, in dem die* **Sonne** *steht,*

erlebt der Mensch direkt und am unmittelbarsten sein eigentliches Wesen und seinen kreativen Kern. Dieser Erfahrungsbereich belebt den Menschen; er ist für das persönliche Gefühl des Wohlbefindens unentbehrlich.

☽ *Das Haus, in dem der* **Mond** *steht,*

verdeutlicht, wo der Mensch emotionale Sicherheit beziehungsweise Erfüllung, Trost und Unterstützung sucht. In diesem Erfahrungsbereich erlebt er sich am unmittelbarsten zu etwas zugehörig, und hier kann er ein klareres und stabileres Gefühl für sich selbst entwickeln.

☿ *In dem Haus, in dem* **Merkur** *steht,*

erfahren wir am unmittelbarsten die Bedeutung wahrer Kommunikation; in diesem Erfahrungsbereich ist der Intellekt ständig aktiv. Es mag notwendig sein, mentale Energie mit anderen Menschen auszutauschen, um bezüglich dieses Bereiches größere Klarheit zu erreichen.

♀ *Das Haus, in dem sich die* **Venus** *befindet,*

steht für den Lebensbereich, in dem wir Vergnügen, Zufriedenheit und Glück suchen. Hier können wir von uns selbst geben und unsere Gefühle von Liebe mit anderen teilen – wir können ein tiefes Gefühl für die anderen sowie das Empfinden entwickeln, von anderen geschätzt zu werden.

♂ *Das Haus, in dem* **Mars** *steht,*

zeigt, wo der Mensch am unmittelbarsten seine Selbstbehauptung, seinen Mut und die Fähigkeit, die Initiative zu ergreifen, zum Ausdruck bringen kann und muß. Dieses Haus verkörpert den Erfahrungsbereich, der für die Erhaltung unserer physischen Energie und unserer Gesundheit entscheidend ist. Die Aktivitäten in diesem Lebensbereich geben uns im Idealfall Energie und verleihen unserem Streben neue Impulse.

♃ *Das Haus, in dem* **Jupiter** *steht,*

verdeutlicht, wo wir am unmittelbarsten Glauben, Vertrauen und Hoffnung in die Zukunft erfahren können. In diesem Erfahrungsbereich können wir am leichtesten eine optimistische Einstellung entwickeln, was das Vertrauen in unsere eigenen Fähigkeiten und die Vervollkommnung unseres eigenen Wesens betrifft.

♄ *In dem Haus, in dem*
Saturn *steht,*

kann der Mensch den Wert von Stabilität und Ordnung, eine tiefe Zufriedenheit sowie den Sinn des Lebens erfahren. In diesem Lebensbereich muß der Mensch arbeiten, Verantwortung übernehmen und den Druck akzeptieren, der zur Formung seines Charakters notwendig ist. Dieses Haus verkörpert einen Erfahrungsbereich, der besonders wichtig ist und dem niemand ausweichen kann.

♅ *Das Haus, in dem sich*
Uranus *befindet,*

steht für den Bereich, in dem wir am unmittelbarsten unsere Einzigartigkeit, Originalität, Begabung, Objektivität und das Bedürfnis nach Aufregung erfahren. Wir bemühen uns hier um einen freien und intuitiven Ausdruck unseres Selbstes und gehen Einfällen nach, wobei wir neue Wege betreten. Daneben können wir gesellschaftliche Probleme überdenken und zu positiven Veränderungen in der Welt beitragen.

♆ *Das Haus, in dem*
Neptun *steht,*

zeigt, wo der Mensch am unmittelbarsten die Realität des Nicht-Materiellen, des Mystischen, des Transzendentalen und der Inspiration erleben kann. Hier besteht die einfachste Möglichkeit, den Strom der Imagination anzuzapfen sowie dem alten, bedrückenden Trott der Gewohnheit zu entkommen. Dieses Haus kann einen Anhaltspunkt geben, welche Art von Erfahrungen bei der Spiritualisierung und Verbesserung des persönlichen Lebens helfen können. Allerdings besteht auch die Gefahr, Dinge zu stark zu idealisieren.

♇ *In dem Haus, in dem sich* **Pluto** *befindet,*

werden wir in bezug auf unsere Einstellungen und unsere tiefsitzenden zwanghaften Verhaltensmuster eine völlige Transformation erfahren. Diesem Erfahrungsbereich nähern wir uns für gewöhnlich auf eine besonders tiefe und gründliche Weise; die ernsthafte und offene Auseinandersetzung mit ihm kann zur Entwicklung unseres Bewußtseins beitragen.

Was bei der Interpretation der Häuser unbedingt zu beachten ist

Planeten in Konjunktion zu Häuserspitzen: Bis zu einem Orbis von bis zu sechs Grad vor einer Häuserspitze werden Planeten als zum folgenden Haus zugehörig betrachtet.

Beginnt das 5. Haus zum Beispiel bei 24 Grad Schütze, und steht die Venus bei 18 Grad des gleichen Zeichens, bildet sie eine Konjunktion zur Spitze des 5. Hauses. Die meisten Astrologen würden die Venus dem 4. Haus zuordnen; dabei nimmt die astrologische Überlieferung keine scharf getrennte Einteilung der Häuser vor, als abrupt beginnende und endende Bereiche der Lebensaktivität. Die Erfahrung lehrt, daß die Häuser Erfahrungsbereiche darstellen, die – ähnlich wie Energiefelder – sich langsam entfalten, einen Höhepunkt erreichen und dann an Intensität verlieren. (Die Forschungsergebnisse von Michel Gauquelin unterstreichen die Bedeutung von Konjunktionen mit den Häuserspitzen – auch wenn der Planet noch im vorigen Haus steht.)

Der wohl wichtigste Fall, wo diese Regel Anwendung finden sollte, tritt bei Konjunktionen an der Horizont-Linie des

Horoskops auf: wenn also ein Planet entweder zum Aszendenten oder zum Deszendenten in Konjunktion steht. Unzählige Male habe ich Leute – häufig mit einem verwirrten Unterton in der Stimme – sich folgendermaßen äußern hören: »Mein Mars steht im 12. Haus, aber er wirkt wie ein Planet des 1. Hauses«, oder: »Ich habe keinen Planeten im 7. Haus, aber Saturn steht im 6. Haus, vier Grad vor dem Deszendenten, und wenn ich mein Leben betrachte, ist es, als ob ich einen 7.-Haus-Saturn hätte.« Hier liegt der flapsige Ausspruch nahe: Wenn etwas geht wie eine Ente und quakt wie eine Ente, wird es sich wohl um eine Ente handeln. Was diese Menschen betrifft: Sie haben einen 1.-Haus-Mars beziehungsweise einen 7.-Haus-Saturn!

Jeder Planet, der sechs Grad oder weniger vor dem Aszendenten oder Deszendenten steht, ist dem 1. beziehungsweise 7. Haus zuzuordnen. Dieser Planet bringt eine Erfahrungsdimension zum Ausdruck, die für die Lebenseinstellung äußerst wichtig ist und diese manchmal sogar dominiert. Eine Konjunktion mit der Himmelsmitte oder dem gegenüberliegenden Nadir (dem IC) hat ebenfalls eine große Wirkung auf alle Angelegenheiten des 10. und 4. Hauses: unsere Motivation, unseren Ruf, unsere Sicherheit, den Einfluß unserer Eltern usw. Das trifft wiederum auch dann zu, wenn der Planet (mit einem Orbis von bis zu sechs Grad) tatsächlich noch im 3. oder 9. Haus steht.

Die Zeichen an den Häuserspitzen – Interpretations-Richtlinien

Die Zeichen an den Spitzen der fixen und veränderlichen Häuser sind wie die an den Spitzen der vier Eckhäuser Teil eines Systems von Wechselbeziehungen. Sie treten aber bezüglich der Persönlichkeit nicht so stark hervor wie diese (falls nicht eine signifikante Planetenbesetzung vorliegt) und sollten bei der Deutung nicht überbetont werden. Im allgemeinen stellen die folgenden Richtlinien ein ausreichendes und zuverlässiges Material für die praktische Interpretation des Horoskops dar. Zu berücksichtigen ist, daß am Anfang beziehungsweise Ende von Zeichen liegende Häuserspitzen in ein anderes Zeichen fallen können, wenn ein anderes Häusersystem verwendet oder wenn die Geburtszeit auch nur um wenige Minuten verschoben wird! Die Zeichen an den Häuserspitzen sollten nur dann zur Interpretation herangezogen werden, wenn sich in den Häusern Planeten befinden. Sonst wird leeren Häusern oder den Zeichen an den Häuserspitzen zu große Bedeutung beigemessen.

Das Zeichen an der Spitze eines Hauses zeigt die Art der Annäherung und die Einstellung dem Lebensbereich gegenüber, der durch dieses Haus symbolisiert wird.

Beispiel: ***Waage an der Spitze des 6. Hauses***
Harmonisch-aufgeschlossene Annäherung an das Lernen durch Erfahrungen bezüglich aller materiellen Angelegenheiten. Ein Mensch mit Waage an der Spitze des 6. Hauses spürt rasch jede Disharmonie im Hinblick auf Arbeit und Gesundheit auf und versucht, Ausgleich zu schaffen.

Beispiel: ***Stier an der Spitze des 11. Hauses***
Hier nähert sich der Mensch seinen sozialen und intellektuellen Bestrebungen an, indem er seine Rechtschaffenheit aufrechterhält und fest in der Realität verwurzelt ist. Aus dem Wissen um die Existenz einer physischen, greifbaren Realität wird eine intellektuelle Sicherheit gewonnen. Sicherheit in gesellschaftlicher Hinsicht wird angestrebt, indem gegenüber anderen eine unerschütterliche Loyalität zum Ausdruck gebracht wird.

Das Zeichen an der Spitze eines Hauses bringt die Qualität der Erfahrungen zum Ausdruck, die mit diesem Haus und den spezifischen Energien, die in diesem Tätigkeitsbereich aktiviert werden, in Beziehung stehen.

Beispiel: ***Fische an der Spitze des 2. Hauses***

Die Erfahrungen bezüglich materieller Sicherheit sind oft von undefinierbarer oder verwirrender Qualität. Wie praktisch diese Person in anderen Dingen auch sein mag – was materielle Dinge oder Sicherheit angeht, wird immer ein gewisses Maß von Idealismus oder auch Ungewißheit herrschen. Vielleicht legt diese Stellung nahe, in diesem Bereich die Kontrolle abzugeben.

KAPITEL 8

DAS WESEN PLANETARISCHER ASPEKTE

Die dynamische Wechselwirkung zwischen den verschiedenen Lebensenergien kommt auf der individuellen Ebene durch die Aspekte des Horoskops zum Ausdruck. Von Aspekten spricht man, wenn innerhalb des Horoskopkreises zwischen Planeten untereinander oder zwischen Planeten und dem Aszendenten oder der Himmelsmitte bestimmte Winkelbeziehungen bestehen. Aspekte gelten als «Linien der Kraft», die zwischen den verschiedenen Energiezentren (Planeten) des Energiefeldes – welches das Horoskop ja mit großer Präzision abbildet – bestehen; sie sind Bestandteile des Horoskops. In diesem Buch werden die am häufigsten behandelten Aspekte erläutert: die meiner Ansicht nach aufschlußreichen und wichtigen «Haupt-Aspekte» (wozu ich alle durch 30 Grad teilbaren Aspekte zähle. Ich stehe damit zwar im Widerspruch zum Großteil der astrologischen Literatur, die Halbsextil und Quinkunx – 30 und 150 Grad – als Nebenaspekte behandelt, bin aber der Ansicht, daß diese Aspekte sich im Leben stärker bemerkbar machen können als das Trigon). Auf die mathematische Theorie der Aspekte werde ich hier nicht eingehen – sie ist schon mehrfach an anderer Stelle dargestellt worden (insbesondere sei auf Kapitel 6 in *»Astrologie, Karma und Transformation«* verwiesen – dort finden sich auch detaillierte Erläuterungen zu den anderen Aspekten).

Aspekte werden in zwei Gruppen eingeteilt:

Dynamische (oder auch disharmonische) bzw. *herausforderde* Aspekte:

Das **Quadrat** (90 Grad), die **Opposition** (180 Grad), das **Quinkunx** (150 Grad), manchmal auch die **Konjunktion** (0 Grad) und **Halbsextil** (30 Grad) (bei den beiden letzten Aspekten in Abhängigkeit der beteiligten Planeten und Zeichen).

Diese Aspekte gehen im allgemeinen mit einer inneren Spannung einher; sie bringen den Menschen für gewöhnlich zu einer bestimmten Handlungsweise oder zumindest zu einer geschärften Aufmerksamkeit in den betroffenen Bereichen. Oft finden sich in der astrologischen Literatur Ausdrücke wie «disharmonisch», «schwierig», «schlecht» oder «kritisch». Diese Begriffe sind irreführend, da der einzelne für diese Energien sehr wohl eine harmonische Form des Ausdrucks entwickeln kann, indem er Verantwortung, Arbeit oder andere Herausforderungen annimmt, was eine konstruktive Nutzung dieser Energie bedeutet.

Das Halb- und Anderthalbquadrat (45 bzw. 135 Grad) sollten zumindest am Anfang vom astrologischen Neuling nicht berücksichtigt werden, auch wenn Astrologen diese Aspekte im allgemeinen in Anwendung bringen. Ich halte sie nicht für sehr nützlich. Die eine Hälfte dieser Aspekte umfaßt Planeten in harmonischen Elementen (sie können daher als gemäßigt harmonische oder fließende Aspekte angesehen werden), bei der anderen Hälfte stehen die Planeten in disharmonischen Elementen (insofern handelt es sich dann um mäßig dynamische oder herausfordernde Aspekte).

Herausfordernde Aspekte zeigen, daß die beteiligten Energien (und die in Beziehung stehenden Lebensbereiche) in keiner harmonischen Schwingung sind. Diese Energien beeinflussen sich gegenseitig auf negative Weise; innerhalb des Energiefeldes kommt es zu Spannungen – wie zwei Energiewellen in einer disharmonischen Beziehung zueinander etwas erzeugen, was man als «Irritation» oder «unstabilen Ton» bezeichnen könnte. Diese Irritation oder Unsicherheit kann jedoch den Menschen dazu bringen, diese Spannung lösen zu wollen. Ein dynamischer Aspekt zwischen Merkur und Mars kann zum Beispiel auf folgende Weise in Erscheinung treten: als ungeduldiges Verlangen (Mars) nach Kommunikation (Merkur), als starker Drang (Mars) zur Weiterbildung (Merkur), als die Neigung, mit allzu großem Nachdruck (Mars) auf seinen eigenen Ideen und Meinungen (Merkur) zu bestehen, als Überreizung des Nervensystems, als überkritische Veranlagung etc. Wenn die nervöse Reizbarkeit und innere Spannung jedoch erfolgreich beherrscht und gelenkt werden, kann die betreffende Person ihren außerordentlich starken Lerndrang und ihre wache Intelligenz auf die Entwicklung ungewöhnlicher Fähigkeiten richten. Diese planetarische Beziehung kann graphisch wie folgt ausgedrückt werden: *)

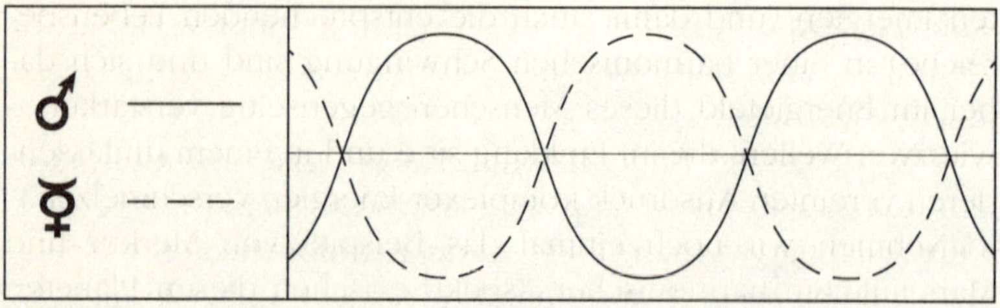

Harmonische bzw. **fließende** Aspekte:

Das *Trigon* (120 Grad), das *Sextil* (60 Grad), manchmal auch die *Konjunktion* (0 Grad) und das *Halbsextil* (30 Grad) (in Abhängigkeit der beteiligten Planeten und Zeichen).

Diese Aspekte bedeuten im allgemeinen Fähigkeiten, Talente und Formen des Ausdrucks, über die der Mensch verfügt beziehungsweise die er relativ leicht und gut entwickeln kann. Diese Fähigkeiten bilden gewissermaßen persönliche Aktiva, die jederzeit zur Verfügung stehen.

Wenn auch das Bestreben herrschen mag, Aufmerksamkeit und Energie auf die dynamischen, herausfordernden Aspekte des Lebens zu richten. Die harmonischen beziehungsweise

---

*) Ausführlich erläutert werden diese und die nachfolgende Graphik beziehungsweise der dargestellte Energie-Fluß auf den Seiten 110 und 111 von *»Astrologie, Karma und Transformation«*.

fließenden Aspekte enthalten das Potential zur Entwicklung außergewöhnlicher Fähigkeiten. Die dynamischen Aspekte zeigen das Bedürfnis nach Anpassung, welches durch entschlossenes Handeln und neue Formen des Selbstausdrucks befriedigt werden kann. Die harmonischen Aspekte weisen meist auf einen Seinszustand und eine angeborene und unmittelbare Einstimmung, auf einen bereits bestehenden und leicht zugänglichen Ausdruckskanal hin; sie zeigen, daß die beteiligten Energien (und damit auch die entsprechenden Lebensbereiche) in einer harmonischen Schwingung sind und sich daher im Energiefeld dieses Menschen gegenseitig verstärken – wie zwei Wellen, die im Einklang sind und in einem umfassenderen vereinten Ausdruck komplexer Energien verschmelzen.

Nehmen wir noch einmal das Beispiel von Merkur und Mars auf. Ein harmonischer Aspekt zwischen diesen Planeten weist auf eine nicht willentlich gesteuerte Durchdringung ihrer Energien hin, was mentale Stärke, die Kraft zur Durchsetzung der eigenen Ideen und entschlossenes Handeln hervorbringen kann. Bildlich gesprochen leiht Merkur Mars seine Intelligenz, um dessen Selbstbehauptung zu lenken, während Mars zur gleichen Zeit die Wahrnehmungen Merkurs und dessen verbalen Ausdruck mit Energie versieht. Eine solche planetarische Beziehung ist graphisch etwa so darzustellen:

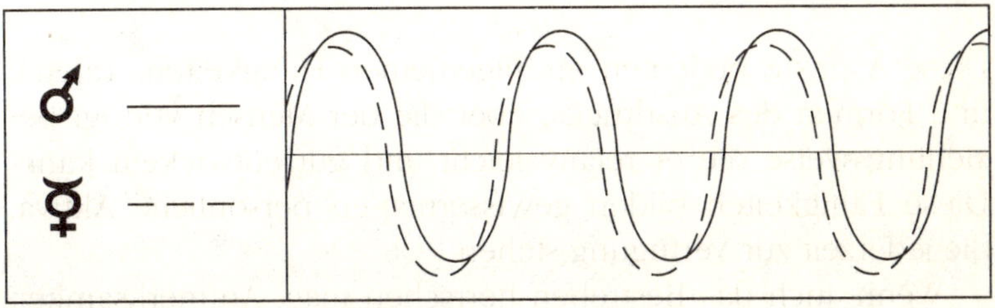

Von großer Wichtigkeit ist, daß *jeder* Aspekt gemäß dem Wesen der beteiligten Planeten und Zeichen interpretiert wird. Es liegt auf der Hand, daß das Trigon für die Entwicklung durchaus hinderlich sein und auch zu Problemen führen kann, was der astrologischen Überlieferung widerspricht, daß es sich um einen «günstigen» Aspekt handelt. Zum Beispiel enthalten die Horoskope besonders ichbezogener Menschen, die zu keiner Zusammenarbeit fähig sind, die am «Allwissenheits-Syndrom» leiden und vor Aufregung über ihre eigenen Interessen anderen gegenüber äußerst ungeduldig sind, für gewöhnlich Uranus-Trigone. Im Gegensatz dazu ist oft zu sehen, daß die dynamischen Aspekte Energien symbolisieren, die mit großer Konzentration, Kraft und Kreativität zum Ausdruck gebracht werden – auch wenn bezüglich des Ausdrucks Probleme bestanden hatten oder noch bestehen. Was diese Aspekte angeht: Wenn wir erkennen, daß in der Herausforderung, in der Anstrengung und auch im Schmerz ein Wert verborgen liegt, können wir für sie ein tiefes und zugleich praktisches Verständnis entwickeln.

Richtlinie für die Interpretation von-Aspekten

Das folgende Gesetz ist meiner Ansicht nach am besten geeignet, das Wesen der Aspekte zu erhellen:

Die *Planeten in den Zeichen* repräsentieren Triebe bzw. Bedürfnisse, die erfüllt werden wollen.

Die *Aspekte* enthüllen, wie es um den Fluß der Energien bestellt ist; sie lassen darauf schließen, welche Anstrengung für den Ausdruck eines Triebes oder zur Erfüllung eines bestimmten Bedürfnisses nötig sein wird.

Ein bestimmter Aspekt gibt also keinen Hinweis, ob jemand irgend etwas Bestimmtes erfahren oder erreichen wird; er sagt uns, wie sehr dieser Mensch sich – relativ gesehen – anstrengen muß, um etwas zu erreichen. Diese Aussage sollte überdacht und für die Interpretation im Kopf behalten werden. Für eine genaue und subtile Interpretation der Aspekte ist sie von fundamentaler Bedeutung.

Die Haupt-Aspekte ☌⚺⚹□△⚻☍

☌ *Konjunktion (0 Grad):*

Jede Konjunktion im Horoskop ist von starker Bedeutung, da sie die gegenseitige Durchdringung und Verschmelzung von zwei Lebensenergien bedeutet. Die stärksten Konjunktionen sind jene, an denen einer der persönlichen Planeten (Sonne, Mond, Merkur, Venus und Mars) oder der Aszendent beteiligt ist. Eine solche Konjunktion kennzeichnet (durch den Planeten und das Zeichen) immer einen besonders starken Energiefluß und persönlichen Ausdruck; sie bildet (repräsentiert durch das Haus) deutlich erkennbare Schwerpunkte im Leben des Menschen. Das Schlüsselwort zur Konjunktion ist Aktion oder Selbst-Projektion.

⚺ *Halbsextil (30 Grad):*

Dieser Aspekt wird im allgemeinen nicht als Haupt-Aspekt betrachtet, obwohl er sogar bedeutungsvoller sein kann als die Konjunktion – in Abhängigkeit von den beteiligten Planeten und den anderen Aspekten. Im Halbsextil zueinander stehende Planeten befinden sich in ständiger Interaktion; die von ihnen verkörperten Energien bauen aufeinander auf. Dieser Aspekt weist weniger Spannung als das Quadrat auf und ist von leichterer Art als das Quinkunx; er tritt – bei Exaktheit – so gut wie immer in Erscheinung.

⚹ *Sextil (60 Grad):*

Das Sextil scheint ein Aspekt zu sein, der Offenheit gegenüber dem Neuen – neue Menschen, neue Ideen, neue Einstellungen – verleiht; er symbolisiert das Potential für neue Verbindungen mit Menschen und Erkenntnisse, die dazu führen, etwas Neues zu lernen. Dieser Aspekt entsteht üblicherweise aus Zeichen harmonisierender Elemente, was eine gute Verträglichkeit der Energien bedeutet. Das Sextil zeigt uns einen Lebensbereich, in dem wir nicht nur eine neue Ebene des Verständnisses entwickeln können, sondern auch einen höheren Grad an Objektivität, was zur Empfindung einer großen Freiheit führen kann. Es weist auf eine angeborene, natürliche Harmonie und manchmal auf eine konkrete Fähigkeit hin.

□ *Quadrat (90 Grad):*

Die an einem Quadrat-Aspekt beteiligten Planeten stehen für gewöhnlich in Zeichen, deren Elemente nicht miteinander harmonisieren. Mit ihm sind daher deutliche Anstrengungen verbunden, um die dazugehörigen Energien in Einklang zu bringen. Wenn einer der persönlichen Planeten beteiligt ist, stellt ein exaktes Quadrat eine große Herausforderung im Leben dar. Diese Art von Aspekt zeigt, wo Energie *freigesetzt* werden muß, was meistens durch eine bestimmte Art zu handeln geschieht, mit der etwas Neues eingeleitet werden soll. Oft ist zu lesen, daß das Quadrat von saturnischer Natur ist: Zum einen verkörpert es etwas, mit dem wir uns auseinandersetzen *müssen;* zum anderen geht mit ihm häufig Furcht beziehungsweise Angst einher, die aus dem Zurückschrecken vor dem resultiert, was mit den Quadraten in unserem Horoskop verbunden ist. Die Furcht vor der Herausforderung beschränkt aber die Energie, die wir für die erfolgreiche Bewältigung des Problems zur Verfügung haben.

△ *Trigon (120 Grad):*

Das Trigon repräsentiert den freien Fluß von Energie in bereits bestehenden Formen des Selbstausdrucks. Hier müssen keine neuen Strukturen errichtet oder neue Zielsetzungen im Leben geschaffen werden, um Energie kreativ zu nutzen. Die an einem Trigon beteiligten Planeten geben über Dimensionen unseres

Lebens und über spezifische Energien Aufschluß, die auf natürliche Weise integriert sind und harmonisch ineinanderfließen (es ist zu beachten, daß Trigone für gewöhnlich zwischen Zeichen desselben Elementes bestehen, was den harmonischen Energieausdruck erklärt). Dieser Aspekt zeigt jedoch öfter eine Art des *Seins* als des *Handelns* an; die mit dem Trigon einhergehenden Fähigkeiten und Talente werden häufig als selbstverständlich angesehen. Man fühlt keine Notwendigkeit, sich für den konstruktiven Gebrauch dieser Energie anzustrengen.

⚻ *Quinkunx (150 Grad):*

Dieser Aspekt verweist auf einen starken Energiefluß zwischen den durch die beteiligten Planeten symbolisierten Dimensionen des Lebens, der von der Person als zwanghaft oder als permanenter Störfaktor empfunden werden kann. Das Problem besteht hier darin, sich beider Energien zur gleichen Zeit bewußt zu sein – es braucht für gewöhnlich eine sehr bewußte und zielgerichtete Anstrengung, um das zu erreichen. Kennzeichnend ist, daß am Quinkunx im allgemeinen Zeichen beteiligt sind, die nicht nur disharmonischen Elementen, sondern auch verschiedenen Qualitäten angehören (ein Quinkunx zwischen einem Planeten in den Zwillingen und einem im Steinbock umfaßt zum Beispiel ein bewegliches Luft- und ein kardinales Erdzeichen; dies stellt zwar eine große Verschiedenartigkeit dar, ist aber eine potentielle Quelle von tiefem Verstehen und praktischen Fähigkeiten). Es ist ungemein wichtig, sich der beiden am Aspekt beteiligten Energien bewußt zu sein, um nicht fälschlicherweise anzunehmen, daß beide jeweils von der anderen abhängig wären. Wenn dieses Bewußtsein nicht entwickelt ist, wird eine Energie durch die andere gestört werden und die mangelnde Integration zu Problemen führen. Um erfolgreich mit diesem Aspekt umzugehen, darf nicht gewaltsam nach Lösungen gesucht werden; erforderlich sind Sensibilität und ein feines Urteilsvermögen für die Anpassung der eigenen Einstellung zu diesen Lebensbereichen.

☍ *Opposition (180 Grad):*

Die Opposition weist – da für gewöhnlich die beteiligten Planeten in Zeichen stehen, deren Elemente miteinander harmonieren – auf eine Überstimulation im Energiefeld eines Menschen hin. Diese Überstimulation kommt oftmals als Empfinden zum Ausdruck, zwischen völlig gegensätzlichen Neigungen gefangen zu sein. Insbesondere im Bereich der persönlichen Beziehungen wird dies als beständige Spannung erfahren. Oft zeigt sich ein deutlicher Mangel an Objektivität: Wenn der Mensch die verschiedenen Seiten seines Wesens auf andere projiziert, fällt die Unterscheidung schwer zwischen dem, was zu ihm und was zu anderen gehört. Findet sich im Horoskop eine Opposition, scheint es, als ob der Mensch zwischen zwei gegensätzlichen Neigungen hin- und hergerissen wird. In mancher Beziehung bestehen zwischen gegenüberliegenden Zeichen zwar Ähnlichkeiten und sogar Ergänzungen in vielerlei Hinsicht kommt es aber zu völligen Gegensätzen.

Orbis und planetarische Wechselwirkungen

Die Aspekte sind natürlich nicht nur als mathematische Winkelbeziehungen zu sehen. Die am Aspekt beteiligten Planeten und Zeichen beschreiben die Energien, die im Menschen aufeinander einwirken. Die an engen Aspekten beteiligten Planeten repräsentieren Erfahrungsdimensionen, die nicht oder kaum isoliert empfunden oder zum Ausdruck gebracht werden. Diese Planeten – um welchen Haupt-Aspekt es sich auch handeln mag – beeinflussen sich immer gegenseitig. In vielerlei Hinsicht ist es für die Interpretation weniger bedeutsam, um welchen Aspekt es sich handelt, als daß zwei spezifische Energien beständig aufeinander einwirken.

Enge Aspekte zwischen Sonne und Uranus – ob nun Quadrat, Trigon, Halbsextil oder Quinkunx – werden in vielerlei

Hinsicht die gleichen Eigenschaften haben. Natürlich bestehen – nicht unbeträchtliche – Unterschiede zwischen den einzelnen, im vorhergehenden Abschnitt beschriebenen Aspekten; für wirklich *wesentlich* halte ich aber die wechselseitige Beeinflussung und gegenseitige Durchdringung der beteiligten spezifischen planetarischen Energien. Die positiven und negativen Ausdrucksformen einer Verbindung zweier Planeten können im Menschen nebeneinander existieren, wobei es eigentlich gleichgültig ist, um welchen Aspekt es sich handelt. Von unveränderlicher und entscheidender Bedeutung ist letztlich der *Grad der Intensität* eines Aspektes, der von dessen Genauigkeit beziehungsweise Exaktheit abhängt.

Im Lauf der Jahre bin ich zu der Überzeugung gekommen, daß die genauesten Aspekte auch immer die stärksten sind und bei der Interpretation die größte Aufmerksamkeit finden sollten. Die mit der Astrologie noch nicht sehr Vertrauten sind gut beraten, wenn sie bei jedem Horoskop zunächst auf die exaktesten Aspekte achten. Viele astrologische Bücher raten an, bei der Interpretation Aspekte mit einem Orbis von bis zu zwölf Grad zu berücksichtigen (der Orbis ist der astrologischen Überlieferung nach die Abweichung von der exakten Gradzahl eines Aspektes, bei der noch von einem dynamischen Einfluß gesprochen werden kann). Meine eigene Erfahrung führte mich zu dem folgenden Schluß: *Je mehr man um Wesen und Wirken der Astrologie wirklich weiß, desto kleinere Orben legt man zugrunde.*

Meiner Meinung nach ist ein Orbis von acht oder neun Grad für die meisten Aspekte völlig unakzeptabel, weil deren Wirkung dann bedeutungslos ist beziehungsweise dieser Energieaustausch ohne jede Dynamik erfolgt. Nur wenn es sich um Aspekte von Sonne, Mond oder dem Aszendenten handelt, würde ich einen Orbis von über sieben Grad in Betracht ziehen – für andere Aspekte ist schon ein Orbis von sechs Grad sehr groß. Anfängern ist unbedingt anzuraten, sich zunächst auf jene Aspekte zu konzentrieren, welche einen Orbis von höchstens fünf Grad haben.

Bei der Bewertung eines Aspektes im Horoskop ist neben dem Wesen der beteiligten Planeten auch in Betracht zu ziehen, ob diese in «verwandten» Zeichen stehen, welche einen freien Ausdruck dieses Wesens zuläßt. Wenn die Zeichenposition eines Planeten für sich allein schon problematisch ist, kann der harmonische Aspekt nur schwer oder gar nicht harmonisch wirken. Im Gegensatz dazu mag ein exakter dynamischer Aspekt eine nicht so schwere Prüfung darstellen, wenn die beteiligten Planeten in miteinander harmonierenden Zeichen stehen.

Jeder spezifische Aspekt des Horoskops ist letztlich völlig einzigartig, da er in die komplexe und einzigartige Struktur eines Horoskops (und daher auch in das Lebensgefüge) eingewoben ist. Daher müssen wir, um genau zu arbeiten, die Grundprinzipien der Aspekt-Interpretation beherzigen. Darüber hinaus bedarf es großer Erfahrung, um die Komplexität dieser wichtigen astrologischen Faktoren wirklich zu verstehen.

Die planetarischen Wechselwirkungen – Interpretations-Richtlinien

Zunächst ist darauf hinzuweisen, daß Aspekte zwischen den drei äußeren Planeten (wenn sie nicht mit wichtigen Faktoren des Horoskops verbunden sind) bei der Interpretation zu vernachlässigen sind. Uranus, Neptun und Pluto sind von überpersönlicher Bedeutung; weil sie für viele Jahre in einem Zeichen verweilen, werfen sie Licht auf die allgemeine gesellschaftliche und psychische Haltung in einem bestimmten Zeitraum. Nur zu häufig geraten Neulinge beispielsweise über ein Quadrat zwischen Uranus und Neptun aus der Fassung, um später festzustellen, daß *alle* in einem bestimmten Zeitraum von einigen Jahren Geborenen diesen Aspekt aufweisen! Dies ist ein weiteres Beispiel dafür, warum es für die sich in die astrologische Materie Einarbeitenden nötig ist, sich auf das *Wesentliche* zu konzentrieren. Von Anfang an muß zwischen den wirklich wichtigen Merkmalen und den zahllosen sekundären Faktoren des Horoskops unterschieden werden.

Auch Aspekte der drei äußeren Planeten mit Jupiter oder Saturn sollten nicht überbetont werden, wenn keine Verbindung zu den Hauptfaktoren des Horoskops besteht. Wenn aber ein Jupiter- oder Saturn-Zeichen (also Schütze beziehungsweise Fische oder Steinbock beziehungsweise Wassermann) im Horoskop stark betont ist, gewinnen alle Aspekte zu Jupiter oder Saturn an Bedeutung. Und was die Aspekte der äußeren Planeten mit Jupiter oder Saturn angeht. Wenn bei einem Menschen zum Beispiel eine Konjunktion zwischen Neptun und Saturn vorhanden ist, die im Quadrat (beziehungsweise im Winkel von 90 Grad) zur Sonne steht, muß dieser Konfiguration – der Mischung der Energien von Sonne, Saturn und Neptun – sehr wohl große Aufmerksamkeit gewidmet werden.

Um bei den wesentlichen Faktoren des Horoskops zu bleiben, finden sich in diesem Buch nur für die Aspekte Interpretations-Richtlinien, die für den Menschen von wirklich *fundamentaler* und *unveränderlicher Bedeutung* sind – also für die Aspekte, an denen die fünf persönlichen Planeten, Jupiter, Saturn und der Aszendent beteiligt sind.

Im folgenden werden kurzgefaßte Richtlinien für die Aspekt-Interpretation für die beteiligten planetarischen Prinzipien gegeben. Mit größerer Erfahrung, im Laufe der Zeit, können diese Richtlinien modifiziert werden. Ich möchte auch darauf hinweisen, daß sich durch persönliche Gespräche viel schneller ein tiefes Verstehen entwickeln wird als durch reines Bücherwissen oder aus dubiosen «Analysen» für Menschen, die man nicht kennt. Wie in den anderen Abschnitten dieses Buches war es auch hier meine Absicht, das Verständnis für die Grundlagen zu fördern und zu eigenem, unabhängigem Denken bezüglich der realen Lebenssituation der Menschen zu ermutigen. Aus diesem Grund habe ich die folgenden planetarischen Wechselwirkungen (oder «Energie-Mischungen») im allgemeinen nicht hinsichtlich herausfordernder und harmonischer Aspekte unterschieden. (Ein weiterer Grund ist, daß die Einteilung in «gute» oder «schlechte» Aspekte für gewöhnlich zu starr ist.) Es kommt darauf an zu verstehen, wie zwei Planeten zusammenwirken – und oftmals werden die negativen Erscheinungsformen einer bestimmten Wechselwirkung gerade bei denen gefunden, bei denen diese Planeten im harmonischen Aspekt stehen. Und genauso oft ist zu beobachten, daß bei Menschen mit einem dynamischen Aspekt viele der positiven Ausdrucksformen zum Vorschein kommen – die nach der traditionellen Auslegung nur bei einer harmonischen oder fließenden Beziehung erscheinen dürften.

Im Einzelfall werde ich einige oft beobachtete Unterschiede zwischen der harmonischen und der herausfordernden Verbindung zweier planetarischer Energien anführen – aber nur, wenn es sich dabei um wirklich zuverlässige Erkenntnisse handelt. Gelegentlich habe ich auch Bemerkungen eingefügt, die dabei helfen, die allgemeine Bedeutung eines bestimmten Aspektes oder einer bestimmten Aspektgruppe auf einen Nenner zu bringen. Viele dieser Bemerkungen habe ich verwendet, als ich Astrologie lehrte. Ich möchte an dieser Stelle auch aussprechen, wie hilfreich die Lektionen von Frances Sakoian für mich waren, die verschiedenen Arten von Aspekten zu unterscheiden. Ich hörte diese Vorträge vor etwa 20 Jahren; mit ihren Anmerkungen arbeite ich auch heute noch – einige der Sätze im folgenden Abschnitt sind wahrscheinlich direkte Zitate aus ihren Lektionen. Meine eigenen Beobachtungen und Erkenntnisse sind mittlerweile mit den ihren und den Äußerungen anderer Astrologen so verwoben, daß es für mich unmöglich ist, mit der entsprechenden Würdigung auf all die verschiedenen Ideen, die ich von anderen übernommen haben, besonders hinzuweisen.

Aspekte mit der Sonne

Die Aspekte mit der Sonne haben einen großen Einfluß auf die physische Vitalität, auf Selbstausdruck und Kreativität, auf das, womit wir uns identifizieren und darauf, wie unser Ich Befriedigung erfahren kann. Jeder Planet, der mit der Sonne in Konjunktion steht, ist von großer Wichtigkeit für die Persönlichkeit. Im allgemeinen fördern Planeten in harmonischer Beziehung zur Sonne ein Gefühl des Wohlbefindens; herausfordernde Aspekte lassen auf ein Hindernis im Erreichen dieses Wohlbefindens schließen, das durch Anpassung oder Überwindung zu bewältigen ist.

Sonne/Mond-Aspekte

- die schöpferische Energie steht mit dem Wunsch nach emotionaler Sicherheit in Wechselwirkung; das Bedürfnis, seine Persönlichkeit auf kreative Weise einfach und vertrauensvoll zum Ausdruck zu bringen
- wie sich unser Selbstbild mit der Vitalität und dem Bedürfnis nach Selbstausdruck vermischt

Alle Sonne/Mond-Aspekte sind außerordentlich bedeutsam. Sie haben eine sehr große Wirkung auf unser Selbstgefühl, unsere Gesundheit und unser Selbstvertrauen. Ein harmonischer Austausch zeigt, daß die Gefühle den Ausdruck der besten Seiten und der tiefsten Ziele unseres Wesens bestärken. Die herausfordernden Aspekte zeigen oft, daß unkontrollierbare Emotionen und das Selbstgefühl den freien Ausdruck des Selbstes hemmen. Insbesondere mit einem Quadrat oder einer Opposition ist es oft schwer, mit sich selbst im reinen zu sein; eine innere Spannung im Kern der Persönlichkeit scheint ein dauerhaftes Merkmal der Psyche zu sein.

*Sonne/Merkur-Aspekte**

- die Kommunikation ist lebendig, strahlend und von zentraler Bedeutung; manchmal fehlt jeder Abstand zu den eigenen Gedanken
- das Bedürfnis, mit anderen in Verbindung zu treten, wird von schöpferischer Energie erfüllt; oftmals besteht eine instinktive Intelligenz mit kreativem Flair

*Sonne/Venus-Aspekte***

- der Drang nach Freude und Vergnügen verschmilzt mit dem schöpferischen Selbstausdruck; oftmals künstlerisch veranlagt
- der energetische Austausch mit anderen schärft das Gefühl für die eigene Identität; oftmals von ungemein freundlichem und liebenswürdigem Wesen

Sonne/Mars-Aspekte

- die fundamentale schöpferische Energie entzündet sich am Verlangen; die Kraft der ganzen Persönlichkeit wird aktiviert, um Wünsche zu erfüllen
- physische Energie fließt in das eigentliche Selbst und erzeugt eine intensive Dynamik und Tatendrang

---

*) Zwischen Sonne und Merkur sind nur Konjunktion und Halbsextil möglich.
Die alte Vorstellung, ein Planet würde durch eine Konjunktion mit der Sonne «vernichtet» bzw. «verbrannt», halte ich für völlig gegenstandslos. Sehr oft sind zum Beispiel Menschen mit einer Sonne/Merkur-Konjunktion äußerst intelligent.

**) Zwischen Sonne und Venus sind nur Konjunktion, Halbsextil und Halbquadrat möglich.

Alle Sonne/Mars-Aspekte regen die vitalen Kräfte an; sie zeigen einen intensiven Drang nach Selbstausdruck und Selbstbestätigung. Von zentraler Wichtigkeit ist die Befriedigung des Egos, was dazu führt, daß diese Menschen manchmal als arrogant angesehen werden. Oft besteht ein Führungsanspruch sowie die Bereitschaft, mit Mut und Risikofreude in neuen Bereichen und auf schöpferischem Gebiet Pionierarbeit zu leisten.

Sonne/Jupiter-Aspekte

- das Bedürfnis nach Anerkennung und der starke Wunsch, sich über das Selbst hinaus auszudehnen und einszuwerden mit etwas, das größer ist als man selbst
- das Selbstgefühl umfaßt Glauben und Offenheit für Gnade

Alle Sonne/Jupiter-Aspekte bedeuten das überaus große Bedürfnis, das Ego zu befriedigen durch große Taten, durch etwas, das die anderen aufmerken läßt. Diese Konstellation findet sich oft bei Menschen, die auf der Bühne arbeiten, bei Großunternehmern und anderen herausragenden Tätigkeiten.

Sonne/Saturn-Aspekte

- der Lebens- und Schaffensdrang verbindet sich mit dem Bedürfnis nach Beständigkeit; diese konservative Neigung kann eine Herausforderung für das Selbstvertrauen und Wohlbefinden sein
- das Bedürfnis nach Schutz und Sicherheit gibt dem eigentlichen Wesen eine bestimmte Prägung und läßt einen Menschen älter erscheinen als die Altersgenossen, sogar in jungen Jahren

Saturn ist häufig «streng» zur Sonne – auch wenn es sich bei dem Aspekt um das Trigon oder das Sextil handelt. Der Mensch mit einem Sonne/Saturn-Aspekt ist sich seiner Fehler und Grenzen sehr genau bewußt. Häufig übertreibt er sie und verliert sich in Hemmungen und in Selbstverdammung. Der Ausdruck der eigenen Kreativität (und Liebe) kann aufgrund einer Abwehrhaltung und eines Minderwertigkeitsgefühls blockiert sein. Diese Menschen sind im allgemeinen von praktischer Wesensart, abgesehen von ihrem Verständnis für sich selbst und für den Spielraum an Selbstausdruck, den sie brauchen. Erfahrung und Zeit stellen die einzige Möglichkeit dar, die Härte dieser Aspekte zu mildern. Die Persönlichkeit muß hier lernen, ihren Wert durch greifbare Resultate und im Umgang mit Verantwortung zu erkennen.

Sonne/Uranus-Aspekte

- das strahlende innere Selbst verschmilzt mit dem Drang nach Veränderung, Aufregung, Experimenten und Rebellion; die eigene Vitalität wird durch den freien Ausdruck des Selbstes gestärkt
- das Selbstgefühl birgt Originalität und Erfindungsreichtum in sich; oftmals äußerst kreative und unkonventionelle Wesensart

Jeder Sonne/Uranus-Aspekt verleiht dem Menschen unkonventionelle Eigenschaften; sehr oft ist hier auch eine eigensinnige Ichbezogenheit zu beobachten. Diese häufig interessanten, lebhaften, anregenden Menschen haben ihrerseits oft das Gefühle, von anderen falsch eingeschätzt und niemals verstanden zu werden. Für gewöhnlich stimmt das auch, zum Teil deshalb, weil diese Menschen so unberechenbar sind. Im allgemeinen stehen sie zu ihren ungewöhnlichen Überzeugungen; manchmal zeigen sie eine Art verrückte Ernsthaftigkeit und Ehrlichkeit, die sowohl Verwirrung als auch Respekt hervorrufen. Ihre Abneigung gegenüber der Eintönigkeit führt sie oft dazu, etwas zur Schau zu stellen, was Carl Payne den «hobo spirit» nennt («hobo» = Wanderarbeiter; also etwa «Wandervogel-Mentalität»): das Bedürfnis nach Veränderung um der Veränderung willen oder das Sich-Verweigern der Beständigkeit.

Sonne/Neptun-Aspekte

- die Identität und das Bewußtsein beinhalten den starken Wunsch, die materielle Welt durch Phantasie, Idealismus oder spirituelle Neigungen zu transzendieren
- spirituellen Erfahrungen nachzugehen kann wichtig für die Art des Selbstausdrucks sein, aber im eigenen Identitätsgefühl Verwirrung hervorrufen

Menschen mit dieser Mischung sind auf ein ehrliches Feedback von anderen angewiesen, um ein realistisches, klares Selbstbild zu erhalten. Sie haben die Neigung, ihre Fähigkeiten und ihren persönlichen Wert entweder über- oder unterzubewerten.

Sonne/Pluto-Aspekte

- die Art, wie man das Leben wahrnimmt, ist von einem starken Drang nach tiefen Erfahrungen und umfassender Wiedergeburt erfüllt
- das innere Selbst lenkt die Kraft des eigenen Willens auf Erneuerung und Transformation – sowohl in bezug auf die eigene Person als auch die äußere Welt

Menschen mit einem engen Sonne/Pluto-Aspekt verfügen – unabhängig von anderen astrologischen Faktoren – über tiefe Einsicht und Ernsthaftigkeit und sind sich der dunklen und harten Seiten des Lebens bewußt. Sie besitzen auch eine ausgeprägte Ausdauer und Gründlichkeit, die andere manchmal überrascht, da sie nicht unbedingt ins Auge fällt.

Sonne/Aszendent-Aspekte

- es besteht Unsicherheit, in welchem Ausmaß das wahre Selbst wirklich zum Ausdruck gebracht werden soll; diese Frage ist das ganze Leben lang von zentraler Bedeutung
- schöpferische Impulse und das Bedürfnis, sich dem persönlichen Wesen gemäß zu geben, regen zum Handeln an; sie üben auf andere einen Einfluß aus, den diese nicht ignorieren können

Aspekte mit dem Mond

Die Aspekte mit dem Mond geben nicht nur wieder, inwieweit wir über ein positives und genaues Selbstbild sowie über inneres Vertrauen und innere Sicherheit verfügen. Sie zeigen auch die Fähigkeit, unsere tieferen Gefühle und unsere schöpferische Phantasie zum Ausdruck zu bringen und nutzbar zu machen. Sind die spontanen Reaktionen auf die Erfahrungen unseres Lebens nützlich und förderlich oder unangemessen und verwirrend? Was unsere emotionale Ruhe und Gelassenheit verstärkt oder stört, wird durch die lunaren Aspekte genau enthüllt. Die ganze Art und Weise, wie wir auf die Gezeiten des Lebens reagieren und uns anpassen, wird vom Mond und seinen Aspekten symbolisiert. Vielleicht mehr als bei jedem anderen Planeten sind die Auswirkungen der herausfordernden Aspekte beim Mond relativ genau vorhersehbar; analog dazu geben die harmonischen Aspekte ziemlich verläßliche Hinweise auf die eher positiven, erfreulichen lunaren Erscheinungsformen.
Damit soll nicht gesagt sein, daß die dynamischen Aspekte des Horoskops nicht transformiert werden können. Der Mensch kann sehr wohl daran arbeiten, eine gewisse Objektivität aufzubringen. Die herausfordernden Aspekte zeigen uns, wo wir zu arbeiten haben, um jene Form der Objektivität zu erlangen, die mit den harmonischen Lunar-Aspekten verbunden ist. *Der Mond ist der Schlüssel zur Objektivität uns selbst gegenüber.* Ein harmonisch aspektierter Mond in einem Zeichen, das seinem Charakter nicht zuwiderläuft, verleiht dem Menschen seinem Selbst gegenüber eine natürliche Objektivität und damit oftmals ein ziemlich genaues Selbstbild. Mit herausfordernden Aspekten neigt der Mensch jedoch dazu, alles persönlich zu nehmen und keinen Abstand zu sich selbst aufzubringen. In diesem Fall fehlt die Fähigkeit, den wechselnden Verhältnissen

gemäß zu reagieren; das eigene Selbstbild ist oftmals ziemlich ungenau in den Bereichen, die von den beteiligten Planeten, Zeichen und Häusern angezeigt werden.

Insbesondere bei einer *Konjunktion* zwischen dem Mond und einem anderen Planeten besteht üblicherweise im Hinblick auf die betreffende Erfahrungsdimension ein großer Mangel an Bewußtsein und Objektivität. Das soll nicht heißen, daß alle Konjunktionen mit dem Mond als herausfordernde Aspekte angesehen werden müssen; es bedeutet, daß alles, was durch die Konjunktion angezeigt wird, unbewußt und automatisch auftritt. Manchmal kann eine derartige Konjunktion ungemein segensvoll wirken und uns dabei helfen, durchs Leben zu gehen. Wer möchte nicht gerne mit einer Konjunktion von Jupiter oder Venus zum Mond geboren werden?

Zum Verständnis der dynamischen lunaren Aspekte ist das folgende Schema, das von Robert C. Jansky stammt, geeignet: Der Mond im herausfordernden Aspekt zur Sonne, Merkur oder Venus bedeutet, daß der Mensch sich unfähig fühlt, das zum Ausdruck zu bringen, was er empfindet; Aspekte zu anderen Planeten lassen erkennen, daß der Mensch sich unfähig fühlt, mit den Anforderungen des Lebens fertigzuwerden.

Mond/Merkur-Aspekte

- die Emotionen und das Denken stehen in ständiger Wechselwirkung; sie stimulieren mit Leidenschaft vorgebrachte Ansichten
- rationales Verstehen mischt sich auf harmonische oder unharmonische Art mit dem Empfinden emotionaler Aufrichtigkeit und mit unseren subjektiven Neigungen

Mond/Venus-Aspekte

- die Fähigkeit, von anderen zu nehmen und anderen zu geben, wird durch die eigenen spontanen Reaktionen unterstützt oder behindert; anderen gegenüber von großer Sensibilität, die bis zur Überempfindlichkeit reichen kann
- reagiert stark auf sinnliches Vergnügen und gesellschaftliche Aktivitäten

Mond/Mars-Aspekte

- starke emotionale Reaktionen verbinden sich mit Tatkraft, schöpferischer Ambition und einem instinktiven Tatendrang
- rastloser Drang, die eigenen Wünsche zu erfüllen; dieser stammt und wird beeinflußt vom Bedürfnis, sich «in Ordnung» zu fühlen

Mond/Jupiter-Aspekte

- eine große Sensibilität für die Verbindung mit einer größeren Ordnung sowie die Überwindung des Selbstes; sehr tolerant gegenüber dem Verhalten der anderen (wenn auch nicht gegenüber deren Ideen)
- eine oftmals unbewußte Neigung zu einem optimistischen Expansionsbestreben und enthusiastischen emotionalen Reaktionen

Mond/Jupiter-Aspekte können – obwohl sie im allgemeinen sehr unterhaltsam, lebhaft und großzügig machen – die Beschäftigung mit dem Selbstbild bis zur Eitelkeit steigern beziehungsweise ein übertriebenes Selbstbewußtsein verleihen. Menschen mit diesem Aspekt kümmern sich manchmal allzusehr um den Eindruck, den sie auf andere machen; oft besteht auch die Neigung, auf Kleinigkeiten eine emotionale Überreaktion zu zeigen. Bezüglich der Kleidung, des Geldausgebens und der Gewohnheiten sind Extravaganzen nicht ungewöhnlich.

Mond/Saturn-Aspekte

- der Wunsch, häusliche Geborgenheit zu erfahren, verbindet sich mit dem Bedürfnis, durch Leistungen und Tragen von Verantwortung Sicherheit zu erreichen
- die wesensmäßige Veranlagung, für das persönliche Wohlbefinden ständig auf disziplinierte Weise Leistungen zu erbringen, hat als Konsequenz oftmals einen beschränkten emotionalen Ausdruck zur Folge

Abwehrhaltung und mangelndes Selbstvertrauen sind häufig charakteristische Merkmale des Menschen mit einem Mond/Saturn-Aspekt. Diese Menschen fühlen sich schnell kritisiert – selbst wenn das nicht den Tatsachen entspricht; sie schenken nicht einmal der positiven Anerkennung durch andere Glauben. Während der Kindheit bestand zumeist – insbesondere bezüglich der herausfordernden Aspekte – eine auf irgendeine Art bedrückende Atmosphäre oder auch große Einsamkeit.

Mond/Uranus-Aspekte

- den Reaktionen wohnt immer ein Moment der Originalität und Unberechenbarkeit inne
- das Bedürfnis, sich völlig frei und ohne jede Einschränkung zu geben, beeinträchtigt – auf positive oder negative Art – das Streben nach innerem Halt, nach Sicherheit und Ruhe

Diese Aspekte treten manchmal recht ungewöhnlich und dramatisch in Erscheinung. Sie können sich in dem quälenden Verlangen bemerkbar machen, die eigene Identität auf radikale Weise verändern und sich von der Vergangenheit lösen zu wollen. Dieses Verlangen kann so stark sein, daß der Mensch sogar seinen Namen ändert, als Symbol für den Wunsch, das alte Selbstbild zurückzulassen. Für gewöhnlich fällt es diesen Menschen schwer, in der Gegenwart glücklich zu sein, da sie sich immer der Wirkung von Vergangenheit (Mond) und Zukunft (Uranus) bewußt sind. Oft besteht eine tiefe Rastlosigkeit, da Befriedigung und Wohlbehagen nur in hohen Erregungszuständen erfahren werden, die Körper und Geist erschöpfen können.

Mond/Neptun-Aspekte

- der starke Wunsch, den Begrenzungen der physischen Welt zu entfliehen, durchdringt die emotionalen Reaktionen; manchmal große Hingabe an ein Ideal
- im Selbstbild enthalten ist der Versuch, die Dimension spiritueller Erfahrung zu erkennen; fühlt nur dann Sicherheit, wenn die Ideale Berücksichtigung finden

Mond/Pluto-Aspekte

- tiefe, unergründliche Reaktionen; emotionale Sicherheit resultiert aus umfassender Transformation und Wiedergeburt im eigenen Selbst
- die Erkenntnis, daß die Umformung von Reaktionsmustern und die Überwindung alter Empfindungen und Vorstellungen aus den eigenen Emotionen und dem eigenen Willen geschehen muß, führt zu tiefer innerer Zufriedenheit

Mond/Pluto-Aspekte – insbesondere, was die herausfordernden betrifft – bringen häufig eine bestimmte emotionale Einstellung zu den Eltern sowie der Elternschaft schlechthin (sie könnten die Basis für eine sehr interessante Studie abgeben). Ich habe viele Menschen mit einer Mond/Pluto-Konjunktion oder -Opposition getroffen, die auf zwanghafte Weise andere Menschen bemuttern, darüber tief beunruhigt waren oder oftmals eine große Angst vor der Elternschaft hatten. In manchen Fällen kam es zur völligen Ablehnung der Vater- oder Mutterschaft – sogar dann, wenn eine gute Ehe bestand. Manchmal ist ein zwanghaftes Bedürfnis nach Sicherheit vorhanden, zugleich aber auch eine tiefe Angst vor Abhängigkeit und Verlust. Mit diesen Aspekten kann ein Gefühl der frühen Kindheit verbunden sein, von einem Elternteil (für gewöhnlich von der Mutter) abgelehnt zu werden.

Mond/Aszendent-Aspekte

AC

- eine intuitive Wahrnehmung prägt die Lebenseinstellung; Stimmungen werden durch eine große Sensitivität für das persönliche Umfeld beeinflußt
- die Qualität des Selbstausdrucks in der äußeren Welt wird von dem starken Wunsch nach emotionaler Sicherheit geprägt; unterbewußte Neigungen sollten offen zum Ausdruck gebracht werden

Aspekte mit Merkur

Die Aspekte mit Merkur zeigen nicht (wie manche Astrologen und astrologische Bücher uns glauben machen wollen), wie intelligent jemand ist. Sie sind Indikatoren für die Fähigkeit eines Menschen, sich auszudrücken und mit anderen zu kommunizieren. (Intelligente, schweigsame Menschen haben im allgemeinen keinen besonders energiegeladenen Merkur.) Aspekte mit Merkur zeigen, wie das bewußte Denken beschaffen ist und wie der Fluß der Gedanken zum Ausdruck gebracht und mitgeteilt wird. Merkur ist auch von Wichtigkeit, weil er für die Koordinierung aller mentalen und physischen Funktionen steht; seine Entsprechung zum Nervensystem ist überliefert. Eine Studie über viele Berufssportler brachte mir die Erkenntnis, daß bei diesen Menschen starke Merkur-Aspekte (insbesondere Konjunktionen) häufig vorkommen, obwohl es sich hier durchaus nicht um Intellektuelle handelt. Aber ihre Koordination zwischen Geist und Körper ist außergewöhnlich gut.

Merkur/Venus-Aspekte

- der Drang, die Intelligenz zum Ausdruck zu bringen, wird durch die Fähigkeit, sich mit anderen auszutauschen und andere zu verstehen, verstärkt
- möchte anderen durch gute Gespräche und angenehmen Austausch nahekommen; ein harmonisch-intelligentes Streben nach Ausgewogenheit

Merkur/Mars-Aspekte

- das bewußte Denken und die physische Energie durchdringen und stimulieren einander; ein energiegeladener Intellekt und möglicherweise eine gute Koordination von Hand und Auge
- das Bedürfnis nach entschlossenem Handeln hilft, sich auf Lernprozesse und alle Formen von Kommunikation einzustimmen

Merkur/Jupiter-Aspekte

- die Art der Kommunikation und die Denkweise sind geprägt von Großzügigkeit, Entwicklungsbestrebungen und Optimismus; ein offenes, philosophisches Denken mit überströmender Neugierde
- will viele Interessensgebiete erforschen und mit denjenigen Verbindungen eingehen, für die Vertrauen und ein allgemeiner Glaube an die Zukunft ebenfalls wichtig sind und mit denen weltanschauliche Übereinstimmung besteht

Merkur/Saturn-Aspekte

- eine objektive Einstellung und ein klarer Ausdruck, verbunden mit Disziplin und einer vorsichtigen, systematischen Vorgehensweise; oftmals ein gutes Gedächtnis
- das bewußte Denken wird durch einen praktischen Ordnungssinn und das Wissen um die Tradition gefestigt; ein scharfer, gewissenhafter Intellekt

Merkur/Uranus-Aspekte

- Unabhängigkeit und Originalität in Verbindung mit mentalen und verbalen Fähigkeiten; ein schnelles Denken, das oftmals Einzelheiten überspringt und ins Extrem fällt
- ein hochenergetischer, einfallsreicher Intellekt stellt neue und ungewöhnliche Ideenverbindungen her; ungeduldig mit dem langsamen Denken anderer und mit konventioneller Erziehung

Merkur/Neptun-Aspekte

- das Bewußtsein wird auf universelle oder auch kosmische Themen und das Phantastische gerichtet
- das Bedürfnis, Intelligenz und Wahrnehmungen zum Ausdruck zu bringen, ist von Idealismus geleitet; empfindsamer, subtiler Intellekt

Merkur/Pluto-Aspekte

- der Kommunikation zugrunde liegt der Drang, zum Kern der Erfahrung vorzustoßen; starker, äußerst konzentrierter Intellekt
- das Bedürfnis, durch intensive, verwandelnde, tiefgreifende Erfahrungen zu lernen – auch, wenn dafür Tabus gebrochen werden müssen

Merkur/Aszendent-Aspekte

- Fähigkeiten und intellektuelle Qualitäten müssen in vielen Lebensbereichen offen zum Ausdruck gebracht werden
- zu reden, Verbindungen anzuknüpfen und Verständnis zu suchen ist von zentraler Bedeutung sowohl für den Selbstausdruck als auch der gesamten Lebenseinstellung

Aspekte mit Venus

Venus-Aspekte sagen in erster Linie etwas über die Fähigkeit aus, mit anderen in Beziehung zu treten und dadurch emotionale Befriedigung zu erfahren – sowohl, was intime Zweierbeziehungen als auch eher förmlich-gesellschaftliche Kontakte betrifft. Außerdem enthüllen sie, wie der Mensch Freude und Vergnügen zum Ausdruck bringen und sein Bedürfnis nach Vergnügen erfüllen kann. In Zusammenhang mit Venus stehen die Künste, der Geschmack und gesellschaftliche Gewandtheit. Wie leicht der Mensch Zuneigung geben und empfangen kann, wird von den Venus-Aspekten deutlich angezeigt; die harmonischen Aspekte weisen auf eine Offenheit für Geben und Nehmen hin, die näher von den beteiligten Planeten, Zeichen und Häusern bestimmt wird.

Es muß jedoch ganz klar gesagt werden, daß herausfordernde Venus-Aspekte wie zum Beispiel das Quadrat oder die Opposition nicht zwangsläufig bedeuten, daß der Mensch nicht geliebt wird oder keine Liebe empfinden kann. Das wäre eine Fehlinterpretation dieser planetarischen Wechselwirkung. Allerdings lassen diese Aspekte für gewöhnlich auf eine gewisse Zurückhaltung oder auch eine Blockade beim Ausdruck und Empfangen von Liebe schließen. Die Arbeit an der Beseitigung solcher Blockierungen und an der Verbesserung des Energieflusses kann zu größerer Freude und mehr Glück in den betroffenen Lebensbereichen beitragen.

Venus/Mars-Aspekte

- Liebe und Zuneigung werden auf physische und dynamische Art und Weise zum Ausdruck gebracht; manchmal ein sehr ausgeprägter Sinn für Erotik

- das Bedürfnis nach Freude und Harmonie verbindet sich mit dem nach Verlangen und Aktion (oftmals auf künstlerische Weise); es besteht die Fähigkeit, Stärke und Anmut zu vereinen, insbesondere bei physischen Aktivitäten wie dem Sport

Venus/Mars-Aspekte haben großen Einfluß auf unsere Liebesbeziehungen. Harmonische Aspekte unterstützen den Ausdruck der Energie, während die herausfordernden Aspekte in vielen Fällen unangenehmer sind, obwohl sie vielleicht eine größere Intensität der Emotionen und Leidenschaft symbolisieren. Bei herausfordernden Aspekten ist oft gegenüber nahestehenden Menschen eine ungeduldige, reizbare oder auch wankelmütige Haltung zu beobachten. In diesen Fällen wird «Liebe» und «Fürsorge» auf so heftige und brüske Weise gezeigt, daß diese Gefühle von den anderen gar nicht als Liebe und Zuneigung erkannt werden. Auch wenn es zwischen Venus und Mars keinen bedeutsamen Aspekt gibt, sollte die Beziehung dieser beiden planetarischen Energien anhand ihrer Elemente untersucht werden. Dieser Vergleich ist nützlich und äußerst erhellend.

♀ ♃ *Venus/Jupiter-Aspekte*

- Liebe wird auf offene, großzügige und expansive Weise zum Ausdruck gebracht; oft beherrscht ein Sinn für das Schöne das Wesen
- ein Bedürfnis nach Abenteuerlust und Selbstvervollkommnung prägt die Einstellung zu Beziehungen; möglicherweise von übersteigerter Sinnlichkeit und Extravaganz bezüglich des Umgangs mit Geld und des Ausdrucks von Emotionen

Venus/Saturn-Aspekte

- Liebe kann zum Ausdruck gebracht werden, wenn sich der Mensch sehr sicher fühlt und seine Ängste überwindet; gibt der Zuneigung durch Loyalität Beständigkeit
- sucht nach Nähe zu anderen durch Verantwortung, gemeinsame Leistungen und Pflichten; da Zuneigung nur bei gewährleisteter Sicherheit zum Ausdruck kommen kann, ist das gesellschaftliche Leben eher passiv und trist

Venus/Uranus-Aspekte

- muß sein Gefühl von Individualität, seine Erregung und seine Freiheit mit anderen teilen; Liebe und Zuneigung sind gewissermaßen elektrisch geladen; kann von gefühllosem und egoistischem Wesen sein
- muß mit den vielfältigsten Vergnügungen experimentieren, um sich befriedigt zu fühlen; möglicherweise besteht eine Neigung zu Koketterie und zu Flirts. In Beziehungen schnell gelangweilt; verabscheut besitzergreifendes Verhalten

Venus/Neptun-Aspekte

- tiefe Sehnsucht nach der idealen Liebe und Träume von romantischer, künstlerischer oder spiritueller Seligkeit; nebulöse Ängste oder die Flucht vor dem Leben können wirkliche Nähe verhindern

- möchte Zuneigung ausdrücken, um die Einheit mit dem Leben, ein völliges Verschmelzen mit dem Ganzen zu erfahren; verfeinerte und sensible Empfindungen

Venus/Pluto-Aspekte

- das Bedürfnis, von seinen tiefsten Gefühlen zu geben; Bestreben, sich vollständig zu transformieren und gesellschaftliche Tabus zu überwinden
- Zuneigung und Vorlieben sind von dem tiefen Wunsch geprägt, zum innersten Kern der Erfahrung vorzudringen; intensive, extreme Gefühle

Venus/Aszendent-Aspekte

- gesellschaftliche Verbindungen und Liebesbeziehungen beeinflussen die gesamte Einstellung zum Leben
- ein Sinn für das Künstlerische und guter Geschmack sind Bestandteil des Selbstausdrucks

♂ Aspekte mit Mars

Jeder Aspekt, an dem Mars beteiligt ist, sagt etwas aus über Macht und Führerschaft, physische und sexuelle Energie und entschlossenes und bahnbrechendes Handeln (auch bezüglich neuer Erfahrungsgebiete). In den Bereichen, die mit Mars verbunden sind, fällt es schwer, Geduld aufzubringen; diese ist aber wichtig, um in der physischen Welt aus dem ursprünglichen Handlungsimpuls ein konkretes Ergebnis zu erzielen.

♂ ♃ Mars/Jupiter-Aspekte

- sehr starkes Bedürfnis nach physischer und sexueller Erregung, bahnbrechenden und abenteuerlichen Unternehmungen sowie perfekten Leistungen
- Verlangen und Initiative sind auf Selbstvervollkommnung und auf große Visionen gerichtet, die das Leben anderer verbessern sollen; oftmals führende Stellung in dem gewählten Bereich

♂ ♄ Mars/Saturn-Aspekte

- der Ausdruck triebhafter Energien muß strukturiert und diszipliniert werden; Geduld hilft die persönlichen Ziele erreichen
- die physische und sexuelle Energie und die Fähigkeit, andere zu führen, werden auf anspruchsvolle Ziele und deren sorgfältige Verwirklichung gerichtet

Mars/Uranus-Aspekte

- Rechte werden auf ungeduldige, originelle und individualistische Weise geltend gemacht; oftmals rebellisches Wesen, das von einem Gefühl der Freiheit stimuliert wird
- starkes Bedürfnis für die verschiedensten physischen und sexuellen Reize; möchte in jedem Lebensbereich neue, aufregende Dinge tun

Mars/Neptun-Aspekte

- verfügt über die Fähigkeit, gemäß der eigenen Ideale und Träume zu leben und eine zunächst vage Vorstellung zu verwirklichen; hohe Ideale regen die Leistungskraft an
- der Drang, die physische Welt zu überwinden und das sexuelle Verlangen zu transzendieren, ist gekoppelt mit dem ständigen Fluß lebhafter Phantasien und besonderer, manchmal «übernatürlich» anmutender Talente

Mars/Pluto-Aspekte

- will Veränderungen schaffen und Hindernisse durch entschlossenes (manchmal rücksichtsloses) Handeln beseitigen
- die Willenskraft wird ganz bewußt auf vollständige Transformation bzw. Erneuerung und den Gebrauch konzentrierter Kraft gerichtet; möchte zum innersten Kern der Erfahrung vordringen

Mars/Aszendent-Aspekte

- Selbstbehauptung, Pioniergeist und aggressive Neigungen müssen offen zum Ausdruck gebracht werden
- physische und sexuelle Energien sowie Führungskraft sind wesentlicher Bestandteil des Selbstausdrucks

♃ Aspekte mit Jupiter

Jeder Aspekt, an dem Jupiter beteiligt ist, bedeutet eine Prüfung, weil dieser alles, womit er in Beziehung steht, zur Entfaltung bringt. Jupiter zeigt im allgemeinen, wo der Mensch versucht, Dinge zu verbessern und nach Möglichkeit zu perfektionieren, und in welchen Lebensbereichen die entsprechenden Energien – wahrscheinlich auf einer sehr hohen Ebene – zum Ausdruck kommen. Die mit Jupiter einhergehende Expansion und sein alles durchdringender Optimismus können jedoch auch dazu führen, daß sich die Person in den mit ihm in Beziehung stehenden Bereichen (durch Aspekt, Zeichen und Häuser angezeigt) zu sehr engagiert und das rechte Maß verliert. Im Idealfall aber werden die joviale Großzügigkeit, positive Einstellung und Toleranz bezüglich der Weltanschauung den Lebensbereichen, die von Jupiters strahlender Energie versorgt werden, eine Aura von Glanz und Vollkommenheit verleihen.

Die Jupiter-Aspekte, an denen einer der fünf persönlichen Planeten oder der Aszendent oder die Himmelmitte beteiligt sind, stellen für gewöhnlich die bedeutsamsten dar. Aber auch eine Beziehung zwischen Jupiter und einem der anderen Planeten (für die die nachfolgenden Richtlinien gelten), kann von großer Wichtigkeit sein, wenn Jupiter der Herrscher (oder Mitregent) des Aszendenten, des Sonnen- oder Mondzeichens ist oder irgendeine andere Verbindung zu den Hauptthemen des Horoskops besteht. Wenn zum Beispiel einer der drei angeführten Faktoren im Zeichen Schütze (oder Fische – gemeinsame Regenten Neptun und Jupiter) steht, dann gewinnen alle Jupiter-Aspekte an Bedeutung.

Jupiter/Saturn-Aspekte

(von besonderer Bedeutung, wenn Jupiter oder Saturn Herrscher eines Zeichens ist, das im Horoskop eine starke Betonung aufweist)

- der Drang nach einer höheren Ordnung wird im täglichen Leben konkretisiert; Ausweitung des Ehrgeizes
- Wechselwirkung zwischen dem Drang nach ständiger Entfaltung und Ausweitung und dem Sicherheitsbedürfnis, die bestehenden Strukturen aufrechtzuerhalten

Es ist interessant zu sehen, ob in einem Horoskop Saturn oder Jupiter stärker gestellt ist, weil dies viel über den Ausdruck der betreffenden Energien aussagt. Die herausfordernden Aspekte zwischen diesen beiden Planeten sind manchmal ziemlich problematisch, weil sie es dem Menschen schwer machen, seinen Ehrgeiz zu befriedigen und seine langfristigen Ziele zu erreichen. Während die Konjunktion in den meisten Fällen relativ harmonische Auswirkungen zeigt und ehrgeizige Bestrebungen auf zielgerichtete Weise anregt, manifestieren sich die anderen dynamischen Aspekte oftmals als das Gefühl, nicht genug Arbeit, Geld oder Möglichkeiten zu haben. Das kann dazu führen, den Bogen zu überspannen, bis zu der Erkenntnis, daß man sich zu vieles aufgeladen hat. Sowohl das Zuviel als auch das Zuwenig frustriert den Menschen. In positiver Hinsicht verleihen diese Aspekte den Wunsch zu lernen, wie auf zufriedene Weise mit dem gearbeitet werden kann, was gerade zur Verfügung steht.

Jupiter/Uranus-Aspekte

(von besonderer Bedeutung, wenn Jupiter oder Uranus Herrscher eines Zeichens ist, das im Horoskop eine starke Betonung aufweist)

- Vertrauen und umfangreiche Zukunftspläne werden durch individuelle und unkonventionelle Faktoren angeregt und zum Ausdruck gebracht
- ein weitreichendes und alles beherrschendes Bedürfnis nach Veränderung, nach Experimenten und nach aufregenden Erlebnissen

Jupiter/Neptun-Aspekte

(von besonderer Bedeutung, wenn Jupiter oder Neptun Herrscher eines Zeichens ist, das im Horoskop eine starke Betonung aufweist)

- will Einheit mit etwas erfahren, das größer ist als die eigene Individualität und die eigenen kleinen persönlichen Angelegenheiten
- Glaube an die Realität eines nicht greifbaren Erfahrungsbereiches; kann in manchen Fällen zu einer überaktiven Phantasie und zur permanenten Flucht vor dem Leben führen, aber auch zu bedeutsamer Inspiration

Jupiter/Pluto-Aspekte

(von besonderer Bedeutung, wenn Jupiter oder Pluto Herrscher eines Zeichens ist, das im Horoskop eine starke Betonung aufweist)

- das Bedürfnis nach umfassender Wiedergeburt stimuliert den Glauben an eine höhere Ordnung im Universum
- trachtet danach, durch die Kraft transformativer Methoden und Beschäftigungen Fortschritte zu machen

Jupiter/Aszendent-Aspekte

- Expansion, Zuversicht und Großzügigkeit müssen auf offene Weise zum Ausdruck gebracht werden
- Vertrauen und Optimismus sind Teile des Selbstausdrucks; sie prägen die gesamte Lebenseinstellung

♄ *Aspekte mit Saturn*

Saturn-Aspekte zeigen, wo Energien konzentriert werden und wo der Mensch eine besonders ernsthafte Haltung einnimmt. Sie enthüllen, wie schwer oder leicht es uns fällt, unsere Grenzen zu erkennen und zu akzeptieren, ob wir Macht und Autorität auf angemessene Weise einsetzen und ob wir unter Hemmungen oder Gefühlen der Minderwertigkeit leiden, die uns darin hindern, uns unserem eigentlichen Wesen gemäß zu geben. Bestehen bezüglich des Selbstausdrucks zu starke Beschränkungen, müssen wir vielleicht im Hinblick auf unsere Selbstdisziplin eine Lockerung vornehmen.

Im allgemeinen gilt auch für die Saturn-Aspekte, daß die mit Beteiligung von einem der fünf persönlichen Planeten oder von Aszendent oder auch der Himmelsmitte die wichtigsten sind. (Detaillierte Erklärungen über Saturn-Aspekte mit den persönlichen Planeten finden sich in *»Astrologie, Karma und Transformation«*. Das dort dargelegte Material kann die Richtlinien aus den vorhergehenden Abschnitten dieses Kapitels ergänzen.) Auch die Verbindung Saturns mit einem äußeren Planeten kann von großer Wichtigkeit sein. Das trifft zu, wenn Saturn der Herrscher oder der Mitregent des Aszendenten oder des Sonnen- oder Mondzeichens ist oder in einer anderen Weise eine Verknüpfung zu einem zentralen Faktoren des Horoskops aufweist. Wenn die Sonne, der Mond oder der Aszendent im Zeichen Steinbock steht (oder im Zeichen Wassermann, welches Saturn mit Uranus regiert), gewinnen alle Saturn-Aspekte an Bedeutung.

Saturn/Uranus-Aspekte

(von besonderer Bedeutung, wenn Saturn oder Uranus Herrscher eines Zeichens ist, das im Horoskop eine starke Betonung aufweist)

- es besteht das Bedürfnis, das ursprüngliche Selbst durch Anstrengungen zum Ausdruck zu bringen; das Bestreben, unorthodoxen, neuen Ideen eine praktische Form zu geben
- das Bedürfnis nach Abwechslung und Aufregung verbindet sich mit dem Bedürfnis nach gesellschaftlicher Anerkennung; im allgemeinen wird eine eher traditionelle Arbeitsweise angestrebt, in die möglicherweise mit Verantwortungsgefühl und Disziplin neue Erkenntnisse eingebracht werden

Diese Aspekte können von tiefer Wirkung auf unsere gesamte Einstellung sein. Im Idealfall bringen sie eine Kombination von praktischer Veranlagung und neuen Ideen und Arbeitsweisen. In ihrer schwierigeren Ausdrucksform bedeuten sie, daß der Wechsel vom Alten zum Neuen immer problematisch ist, weil der Mensch Freiheit und Aufregung will, ohne die Vergangenheit loszulassen.

Saturn/Neptun-Aspekte

(von besonderer Bedeutung, wenn Saturn oder Neptun Herrscher eines Zeichens ist, das im Horoskop eine starke Betonung aufweist)

- disziplinierte Anstrengung wird auf die spirituellen Sehnsüchte und Ideale verwendet; die ständige Wechselwirkung zwischen der konkreten Welt und dem Jenseits kann zu Desorientierung oder einem praktischen Umgang mit den feineren Realitäten führen

- der Drang, allzu starre physische Strukturen und die aus diesen resultierenden Beschränkungen zu transzendieren; Ehrgeiz und Verpflichtungen können mit Idealismus erfüllt werden

Saturn/Pluto-Aspekte

(von besonderer Bedeutung, wenn Saturn oder Pluto Herrscher eines Zeichens ist, das im Horoskop eine starke Betonung aufweist)

- Drang nach totaler Wiedergeburt und Transformation, der zu einem tieferen Gefühl innerer Sicherheit führen kann; hat das Verlangen, hart zu arbeiten, um die Vergangenheit hinter sich zu lassen
- ein unwiderstehliches Bedürfnis, die tiefinnerlichsten eigenen Prioritäten, Wünsche und Motivationen zu verstehen; oftmals äußerst großer Ehrgeiz

Saturn/Aszendent-Aspekte

- Ehrgeiz und Verantwortungsbewußtsein müssen offen zum Ausdruck kommen; die ganze Lebenseinstellung ist zumeist eher konservativ und praktisch geprägt
- disziplinierte Energie und Verläßlichkeit sind für den Selbstausdruck unerläßlich

Aspekte mit den äußeren Planeten

Wenn auch die wirklich wichtigen Aspekte mit den äußeren Planeten in diesem Kapitel bereits erläutert worden sind, scheint es doch angemessen, in einem Buch mit Interpretations-Richtlinien zumindest eine kurze Zusammenfassung ihrer *allgemeinen* Bedeutung zu geben. Für eine detailliertere Behandlung der Aspekte zwischen den äußeren Planeten und den einzelnen persönlichen Planeten verweise ich auf die Kapitel 4 und 6 von *»Astrologie, Karma und Transformation«*.

Aspekte mit Uranus

Uranus wirkt elektrisierend und beschleunigend auf alles, was er berührt. Er ruft sprunghafte, plötzliche Aktivität und rasche Veränderungen hervor. In jedem Lebensbereich bewirkt er Aufregung; Regeln und Traditionen erkennt er nicht an. Er verleiht allem, womit er in Kontakt kommt, eine gewisse Unsicherheit sowie ein starkes Bedürfnis nach Erregung.

Aspekte mit Neptun

Neptun verfeinert und sensibilisiert alles, was er berührt. Er kann idealisieren, spiritualisieren oder auch einfach täuschen. In jeden Lebensbereich bringt er einen Hauch von Magie, Phantasie oder Inspiration – gleichgültig ob der Mensch fest im praktischen Leben steht und diese Energien erfolgreich nutzen kann oder nicht.

Aspekte mit Pluto

Pluto intensiviert und reichert alles, was er berührt, mit Willenskraft an. Er fügt Tiefe und Gründlichkeit hinzu sowie den Drang, alle alten und nutzlosen Muster, Gewohnheiten und Aktivitäten aufzulösen. Er verleiht die Fähigkeit, das Selbst durch den Einsatz der Willenskraft und des Denkvermögens neu zu formen. Im Idealfall gibt er große Selbstdisziplin und die Fähigkeit zu inneren und äußeren Reformen. In der negativsten Form besteht eine rücksichtslose Einstellung gemäß dem Motto: »Wer die Macht hat, hat das Recht«. Diese Auffassung kann in dem betreffenden Bereich zwanghaft werden.

AC *Aspekte mit dem Aszendenten*

Jeder Aspekt zwischen einem Planeten und dem Aszendenten ist wichtig, da dieser unsere ganze Einstellung und unsere Ansichten über das Leben prägt. Bevor aber ein solcher Aspekt untersucht wird, muß feststehen, daß die Geburtszeit genau ist. Schon eine Veränderung der Geburtszeit um etwa fünf Minuten bedeutet, daß sich der Aszendent (und alle Häuserspitzen) um ein Grad verschiebt. Verändert sich die Geburtszeit um eine halbe Stunde, kann ein vormals exakter Aspekt einen Orbis von mehr als sieben Grad aufweisen.

Ein Planet, der in einem engen Aspekt zum Aszendenten steht, beeinflußt diesen auf deutliche Weise. Diese Aspekte können als ziemlich verläßliche Hinweise bezüglich der Genauigkeit der Geburtszeit dienen. Steht zum Beispiel in einem Horoskop, das aufgrund einer bestimmten Geburtszeit berechnet wurde, ein Planet in enger Konjunktion zum Aszendenten, ohne in der Persönlichkeit besonders in Erscheinung zu treten, dann ist mit hoher Wahrscheinlichkeit die zugrundeliegende Geburtszeit falsch (eventuell kann es zu diesem Fehler auch wegen einer falschen Zeitzone, wegen der Nichtberücksichtigung von Sommerzeit oder wegen der Verwechslung von Tag und Nacht kommen).

AC ♅ *Aszendent/Uranus-Aspekte*

- Unabhängigkeit und Einzigartigkeit müssen zum Ausdruck gebracht werden; angeborene unberechenbare, unorthodoxe Lebenseinstellung
- Erfindungsreichtum, Individualismus und eine große Sehnsucht nach dem, was neu und erregend ist, sind unverzichtbarer Teil des Selbstausdrucks

Aszendent/Neptun-Aspekte

- Mitgefühl, Phantasie und/oder Spiritualität prägen die gesamte Lebenseinstellung und müssen offen zum Ausdruck gebracht werden; der physische Körper reagiert sensibel auf äußere Einflüsse
- Phantasien, Träume und Inspirationen sind unverzichtbare Bestandteile des Selbstausdrucks

Aszendent/Pluto-Aspekte

- Intensität, tiefe Zurückgezogenheit und Einsicht prägen die Lebenseinstellung
- zwanghafte und verwandelnde Energien sind elementare Bestandteile des Selbstausdrucks; es besteht im Guten wie im Schlechten eine starke Willenskraft

KAPITEL 9

RICHTLINIEN ZUR HOROSKOP-SYNTHESE

Die Astrologie entspringt dem unbestimmten Empfinden, daß es eine große kosmische Einheit gibt.

Goethe

Die Kombination der verschiedenen Horoskop-Faktoren beziehungsweise die sich aus dieser ergebende *Synthese* ist nicht durch *Analyse-Techniken* zu erreichen. Die synthetische Betrachtung des Horoskops, in der aus der Verschmelzung aller einzelnen Faktoren die Bedeutung des Ganzen zu erschließen ist, kann nicht gelehrt werden; das Erfassen der Einzigartigkeit und Bedeutung eines Geburtshoroskops resultiert aus Erfahrung und bis zu einem gewissen Grad aus der angeborenen Intuition. Einige – in Büchern allerdings selten zu findende – Richtlinien gibt es aber, die für die mit der astrologischen Materie noch nicht sehr Vertrauten außerordentlich hilfreich sein können. Wer um diese Richtlinien weiß, kann sich unter Umständen jahrelange Frustrationen ersparen oder, daß er durch ungenaues oder falsches Material in Verwirrung gestürzt wird.

Meiner Ansicht nach ist es heute noch wichtiger als vor zehn oder fünfzehn Jahren, die Betrachtung des Geburtshoroskops auf ganzheitliche Sicht vorzunehmen, welche darauf basiert, daß alle Komponenten als Teile eines lebendigen Ganzen gesehen werden. Heutzutage dienen Computer in zunehmendem Maße nicht nur zur Berechnung, sondern auch zur «Interpretation» des Horoskops. Sie verleiten manche Menschen zu der irrigen Annahme, daß eine Vielzahl isolierter Faktoren schon eine Interpretation des Horoskops darstellt. Aber eine wirklich synthethische und ganzheitliche Betrachtung des Horoskops zu leisten ist der Computer nicht imstande.

Wenn wir das Horoskop auf synthethische beziehungsweise ganzheitliche Art betrachten wollen, müssen wir natürlich die interpretierten Faktoren mittels einer bestimmten Vorgehensweise zusammenbringen. Das Ganze ist aber größer als seine Teile, und wenn auch der mit der Astrologie noch nicht Vertraute seinen Blick zunächst auf die Details richten *muß*, sollten für den erfahrenen Praktiker die analytischen Einzelheiten lediglich das Rüstzeug darstellen, mit dem – in Übereinstimmung mit den spezifischen Entsprechungen im Leben – der Blick auf das größere Ganze frei wird.

Diese Ebene der Betrachtung erfordert viel Arbeit und wird selten erreicht. Auch wenn viele Menschen die Grundbegriffe der wissenschaftlichen Astrologie erlernen: Die wirklich ganzheitliche Sichtweise des Horoskops ist eine Kunst, die nur von wenigen beherrscht wird. Die synthetische Betrachtung des Horoskops kann eben nicht durch Bücher gelehrt werden.

Das wahre Ziel der Horoskop-Synthese besteht nicht nur darin, das Horoskop zu verstehen - sie will darüber hinaus dieses Verständnis auf die betroffene Person ausdehnen. Das umfaßt das Sich-Einstimmen auf die wesentlichen Themen im Leben dieses Menschen. Das A und O bei der synthetischen Vorgehensweise ist, die Hauptthemen des Horoskops, die die Hauptthemen des Lebens widerspiegeln, zu erkennen. Wir werden im folgenden erörtern, wie diese Themen erkannt werden können.

Wenn auch – wie bereits angemerkt – die synthetische Betrachtung des Horoskops nicht aus Büchern gelernt werden kann, gibt es doch einige Publikationen, die einen ganzheitlichen, flexiblen und dynamischen Ansatz vermitteln. Als erstes ist hier hinzuweisen auf das umfangreiche Werk von Dane Rudhyar, dem Pionier der modernen ganzheitlichen Astrologie. Charles Carters *»Essays on the Foundations of Astrology«* (erschienen im Theosophical Publishing House, Wheaton/Illinois) enthält einige Kostbarkeiten bezüglich der Kombination von Zeichen und daneben anderes Material, das zur synthetischen Betrachtung beitragen kann. *»Die Kunst der Horoskop-Synthese«* von Tracy Marks (erscheint 1992/93 im Verlag Hier & Jetzt) ist eines der wenigen Bücher, das den Leser systematisch Schritt für Schritt auf die Verschmelzung der astrologischen Faktoren hinführt, wobei diese Faktoren ihrer Wichtigkeit nach erläutert werden.*

Auch in meinen Büchern findet sich viel Material zur Horoskop-Synthese. Wenn ich die freundlichen Worte eines Lesers

* Zweifellos gibt es auch noch andere Bücher, die bedeutsames Material zu diesem Thema beinhalten. Ich möchte dazu auffordern, soviel wie möglich zu lesen. Die Interpretationen jedes einzelnen Buches sind als Ausgangsbasis aufzufassen; mit ihnen ist zu experimentieren, um herauszufinden, wie genau und aufschlußreich sie sind.

anführen darf: Sie »vermitteln den Sinn für die Synthese und die Erkenntnis, daß jede Energie mit jeder anderen in irgendeiner Form in einer Wechselwirkung steht.« In *»Astrologie, Psychologie und die vier Elemente«* habe ich viel zu den Elementen geschrieben, die im Horoskop unbedingt näher untersucht werden müssen. Speziell der synthetischen Betrachtung sind – neben diversen Abschnitten in den anderen Büchern – das Kapitel 7 von *»Saturn und Jupiter. Neue Aspekte astrologischer Praxis«* und Kapitel 5 von *»Astrologische Psychologie in der Praxis«* gewidmet. Was die Übertragung der astrologischen Erkenntnisse auf den Menschen beziehungsweise die astrologische Beratung angeht, findet sich ebenfalls an verschiedenen Stellen meiner Bücher nützliches Material, welches auch an der synthetischen Betrachtung des Horoskops orientiert ist.*

Ich habe dieses Buch gemäß der Bedeutung und der meines Erachtens zuverlässigen Interpretierbarkeit der verschiedenen Horoskop-Faktoren aufgebaut und strukturiert. Zum Beispiel reflektiert die Betonung der Elemente am Anfang dieses Buches die Tatsache, daß zu Beginn jeder Interpretation den Elementen besondere Aufmerksamkeit geschenkt werden sollte. Als nächstes erläuterte ich die Stellung der Planeten in den Zeichen – gemäß der Tatsache, daß die Planetenstellungen die nächstwichtigen Faktoren des Horoskops darstellen.

Jeder Planet wird durch das Zeichen, in dem er sich befindet, «gefärbt» oder «geprägt»; das betreffende Zeichen bedeutet immer den Haupt-Ton dieses Planeten, welcher zumeist dominiert. Doch auch andere Faktoren geben dem Ausdruck des jeweiligen Planeten ihre Prägung, wie wir im folgenden sehen werden.

---

* An folgenden Stellen findet der Leser Informationen zur Herangehensweise an die Horoskop-Interpretation und zur astrologischen Psychologie und Beratung: *»Astrologie, Psychologie und die vier Elemente«* (Teil 2), *»Astrologie, Karma und Transformation«* (Kapitel 12); *»Astrologie und Partnerschaft«* (»Einige Gedanken über die astrologische Beratungspraxis«); *»Saturn und Jupiter«* (Teile von Kapitel 4); verschiedene Teile von *»Astrologische Psychologie in der Praxis«*.

Faktoren, die die planetarischen Prinzipien beeinflussen

Jeder Planet verkörpert eine spezifische Erfahrungs-Dimension, welche von einer Unzahl von Faktoren modifiziert wird. Es stellt sich natürlich die Frage, welcher Art die Prägung der Erfahrungs-Dimensionen in unserem Leben ist. Bei der Überprüfung der Faktoren, welche die einzelnen Planeten prägen, müssen viele Dinge in Betracht gezogen werden – es würde ungemein viel psychische Energie kosten, sich aller Faktoren zur gleichen Zeit bewußt zu sein. Das analytische Denken kann eine solche Vielfalt und die diversen Variablen in ihren feinen Abstufungen nicht zusammen betrachten.

Die folgenden Faktoren beeinflussen jeden Planeten; sie erzeugen die spezifische Prägung beziehungsweise Färbung oder Tönung einer bestimmten Erfahrungs-Dimension.

1. ***Das Zeichen des Planeten:***
   Dieses stellt die wesentliche Qualität der Energie beziehungsweise die Grundfarbe des Planeten im jeweiligen Horoskop dar. Das Zeichen symbolisiert, wie das betreffende planetarische Prinzip zum Ausdruck kommt. Weitere Faktoren wandeln diese Färbung ab.

2. ***Die Tönung des Planeten:***
   Das Zeichen, in dem der Herrscher des betreffenden Planeten steht (wobei nur die alten Herrscher berücksichtigt werden). Jemand mit dem Mond in der Jungfrau und Merkur im Schützen hat beispielsweise einen Jungfrau-Mond mit einer Schütze-Tönung.

3. ***Die engen Aspekte dieses Planeten:***
   Die Haupt-Aspekte (sie umfassen alle Aspekte, deren Gradzahl durch 30 teilbar sind) beeinflussen den Ausdruck eines Planeten auf deutlich merkbare Weise.

4. ***Das Haus des Planeten:***
Steht zum Beispiel Venus im 3. Haus, ist das so ähnlich wie ein Merkur-Aspekt zur Venus; das heißt, die Grundfarbe der Venus erhält eine Merkur-Tönung.

Es ist durchaus denkbar, diese Einteilung noch weiter fortzuführen, doch würde dies das ohnehin schon sehr komplexe Bild übermäßig komplizieren. Am Schluß dieser Reihe stünde die Aussage, daß jeder astrologische Faktor auf irgendeine Art und Weise jeden Planeten beeinflußt. Wenn dies auch auf der tiefsten Betrachtungsebene sogar zutrifft, müssen doch für eine praktikable Horoskop-Synthese und zum besseren Verständnis der spezifischen Eigenschaften, Energien, Fähigkeiten und Probleme eines Menschen bestimmte Grenzen gesetzt werden: Wir müssen uns auf die wesentlichen Faktoren – und insbesondere auf die, die sich wiederholen – konzentrieren.

Als Beispiel wollen wir ein Horoskop betrachten (siehe nächste Seite) und unseren Blick nur auf einen Planeten richten. Der Mond im Schützen läßt den Horoskopeigner gewissermaßen auf Schütze-Art reagieren (das Mond-Prinzip ist ja Reaktion: Wie sind die instinktiv-spontanen Reaktionen auf das, was dem Menschen begegnet?). Welche anderen Faktoren den Mond auch prägen – die Reaktionen dieses Menschen auf das Leben werden immer etwas Schützehaftes haben und durch Offenheit, unerschütterliche Standhaftigkeit, Großzügigkeit, Begeisterung, Toleranz, die Fähigkeit, das Große im Kleinen zu sehen und Lehr- oder Lerndrang usw. gekennzeichnet sein. Das ist die Grundfarbe des Mondes (aufgrund seines Zeichens); wir wollen aber noch kurz die anderen oben angeführten Faktoren betrachten.
Die Tönung des Mondes ist Jungfrau (Jupiter, der Regent des Schützen, steht in diesem Zeichen). So weist dieser Schütze-Mond ein von analytischen Fähigkeiten geprägtes Denken auf. Jupiter in der Jungfrau analysiert; er versucht gewissermaßen herauszufinden, warum der lunare Teil des Selbstes so ungeheuer optimistisch (Schütze) ist (die Jungfrau kann immer eine

Beispielhoroskop

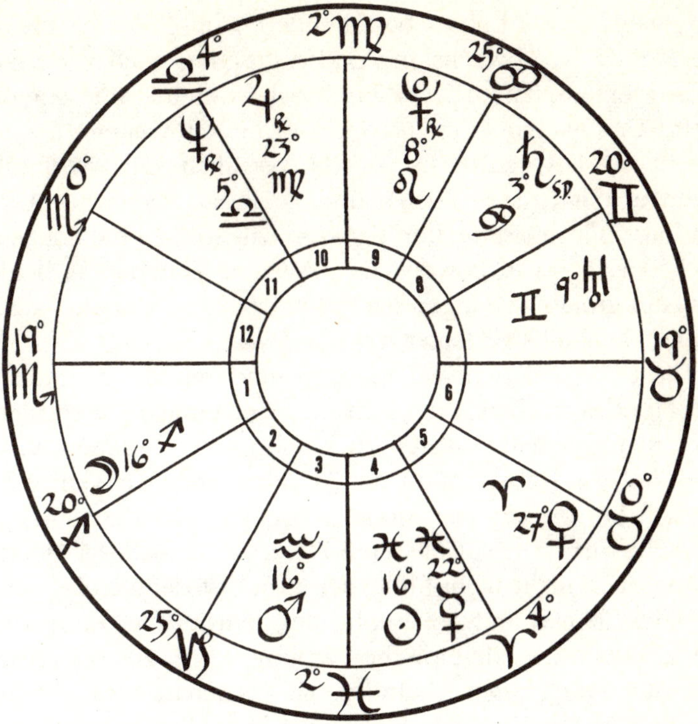

Menge Probleme finden). Die Zeichen Jungfrau und Schütze stehen zueinander im Quadrat. Wenn diese beiden Zeichen stark energetisiert sind, führt das zu einer sehr mentalen Ausrichtung. Der Schütze-Mond erhält also eine Jungfrau-Tönung.

Aspekte zum Mond: Der wichtigste ist das exakte Quadrat von der Fische-Sonne. Die Sensitivität der Fische wirkt auf den Mond ein, der aufgrund seiner Schütze-Charakteristik von eher ungestümer und relativ unsensibler Art ist. Auf der anderen Seite beeinflußt die Begeisterung und der Optimismus des Schütze-Mondes ständig die für sich allein betrachtet vorsichtigere und eher introvertierte Fische-Sonne. Mars im Wassermann, im genauen Sextil zum Mond, fügt noch eine andere Tönung hinzu, nämlich Experimentierfreude und Abenteuerlust, welche den bereits bestehenden Wunsch zu reisen und die Freude an Abwechslung und Aufregung noch verstärken. Diese Eigenschaften werden noch durch den genauen Mond/Uranus-Aspekt intensiviert welcher ein weiterer Hinweis darauf ist, daß sich dieser Mensch vor allem dann wohlfühlt, wenn er mit Reisen, Lernen und Veränderungen aller Art zu tun hat. (Wir müssen daran denken, daß sowohl die Sonne als auch der Mond in beweglichen Zeichen stehen, was beiderseits ein großes Verlangen nach Abwechslung und eine ausgeprägte Flexibilität bedeutet.)

Diese verschiedenen Tönungen sind mit der Grundfarbe des Mondes noch relativ leicht zu einer einigermaßen klaren und inhaltsreichen Aussage zu kombinieren. Schauen wir jedoch auf die Hausposition des Mondes, wird das Ganze wesentlich komplexer. Der Mond ist dem 2. Haus zuzurechnen (er steht vier Grad vor dessen Spitze), wo er sich der Überlieferung nach recht wohl fühlt (der Mond ist der astrologischen Tradition gemäß im Stier erhöht, der dem 2. Haus entspricht). Wenn jedoch die stiertypische Färbung des 2. Hauses (Festigkeit, Abneigung gegen Veränderung, das Schätzen der kleinen alltäglichen Freuden und Eigensinn) bezüglich eines Mondes gilt, der ansonsten ziemlich genau das Gegenteil verkörpert, dann hat der Berater eine Menge fundamentaler Probleme und komplexer Details mit dem Klienten durchzusprechen. (Ich sollte diesen Abschnitt nicht abschließen, ohne zur Sprache zu bringen, daß ein mir bekannter Mensch mit dieser Mondstellung sich seinen Lebensunterhalt hauptsächlich durch Lehrtätigkeiten, Workshops und Seminare verdient. Er muß dabei viel reisen und hat sogar schon im Ausland Workshops gegeben – eine vorzügliche Entsprechung zu einem Schütze-Mond im 2. Haus!)

Der Mensch ist ungemein komplex: Wo finden wir das Ende, wenn es um die Interpretation des Horoskops beziehungsweise dessen synthetische Betrachtung geht? Jeder Planet ist auf die vielfältigste Weise mit anderen Faktoren verwoben, so daß der mit der astrologischen Materie noch nicht Vertraute und insbesondere der Anfänger oftmals große Verwirrung und auch Frustration erfährt. Aus diesem Grunde sollte das Horoskop immer mit bestimmten Themen oder Fragestellungen in Verbindung gebracht werden, in die der Mensch verwickelt ist. Wir müssen uns auf das konzentrieren, was für den einzelnen wichtig ist, um nicht in endlosen Möglichkeiten verloren zu gehen. Wir finden nie ein Ende, wenn wir versuchen, eine «komplette Deutung» zu geben – diese stellt eine absolute Unmöglichkeit dar. Wie könnte jemals ein so komplexes, unendliches und sich ständig veränderndes Mysterium, wie es der Mensch ist, zusammengefaßt werden?

Die wesentlichen Themen im Geburtshoroskop

Nach dem Blick auf die verschiedenen Färbungen und Tönungen der persönlichen Planeten des Horoskops fällt vielleicht die eine oder andere ins Auge, die aufgrund ihres wiederholten Vorhandensein eine gewissen Dominanz aufweist. Diese Wiederholungen wahrzunehmen ist der erste Schritt, die Thematik des Horoskops zu verstehen. Des weiteren hilft die Analyse der Hauptfaktoren, gewissermaßen «das astrologische Alphabet mit seinen zwölf Buchstaben» mit all seinen Verbindungsmöglichkeiten, die wichtigen Themen zu erkennen.[8] Anhand dieser beiden Vorgehensweisen sind signifikante Wiederholungen von Kombinationen (beziehungsweise «Wechselwirkungen») leicht festzustellen.

Das astrologische Alphabet setzt sich wie folgt zusammen:

1.	Buchstabe:	**Widder**	*Mars*	1. Haus
2.	Buchstabe:	**Stier**	*Venus*	2. Haus
3.	Buchstabe:	**Zwillinge**	*Merkur*	3. Haus
4.	Buchstabe:	**Krebs**	*Mond*	4. Haus
5.	Buchstabe:	**Löwe**	*Sonne*	5. Haus
6.	Buchstabe:	**Jungfrau**	*Merkur*	6. Haus
7.	Buchstabe:	**Waage**	*Venus*	7. Haus
8.	Buchstabe:	**Skorpion**	*Pluto*	8. Haus
9.	Buchstabe:	**Schütze**	*Jupiter*	9. Haus
10.	Buchstabe:	**Steinbock**	*Saturn*	10. Haus
11.	Buchstabe:	**Wassermann**	*Uranus*	11. Haus
12.	Buchstabe:	**Fische**	*Neptun*	12. Haus

Steht zum Beispiel in einem Horoskop Mars im Skorpion (eine Wechselwirkung zwischen den astrologischen Buchstaben 1 und 8, woraus sich für den Mars eine Pluto- beziehungsweise Skorpion-Färbung ergibt) und ist zudem noch ein exakter Mars/Pluto-Aspekt vorhanden (eine weitere Wechselwirkung zwischen den eben angeführten Buchstaben), dann ist eine Energiekombination doppelt betont. Das bedeutet, daß der Ausdruck der Mars-Energie immer stark plutonische Qualität enthält. Wenn Mars auch noch im 8. Haus oder Pluto im 1. Haus steht, gewinnt diese Thematik noch mehr Gewicht.

Ein anderes Beispiel kann vielleicht denen helfen, die mit der Astrologie noch nicht sehr vertraut sind, sich klarzuwerden über diese Methode, die gewissermaßen eine «synthetische Analyse» darstellt. Ein Mensch mit einem Steinbock-Merkur wird bezüglich seiner Art zu denken einige Übereinstimmungen mit denen aufweisen, deren Merkur sich ebenfalls in diesem Zeichen befindet. Wenn aber bei dem Menschen in unserem Beispiel auch noch Saturn in einem engen Aspekt zu Merkur steht, wird dasselbe Thema auf zwei verschiedene Arten hervorgehoben. In diesem Falle ist eine doppelte Wechselwirkung zwischen den astrologischen Buchstaben 3 und 10 vorhanden (oder 6 und 10, falls Merkur eher mit dem Jungfrau-Prinzip in Verbindung steht). Im Falle dieser Doppelbetonung können wir uns leicht vorstellen, daß der betreffende Mensch zu einem ernsthaften und praktischen Denken, zu einer genauen und an Einzelheiten orientierten Arbeitsweise und zu nervösen Spannungen neigen wird; er wird hart daran arbeiten, seine Ideen an der Realität zu überprüfen. Bestehen noch andere Faktoren, die einen Austausch zwischen den angeführten Prinzipien bedeuten (zum Beispiel Merkur im 10. Haus oder Saturn im 3. beziehungsweise 6. Haus), dann ist diese Thematik im Leben noch vorherrschender, und der Astrologe könnte sie mit Sicherheit als einen der Hauptpunkte während der Konsultation zur Sprache bringen.

Ein anderer Bereich, der oft Schwierigkeiten bereitet, ist der, der mit einer *Konfiguration von mehreren Planeten* zu tun hat, die in verschiedenen Aspekten zueinander stehen. Letztendlich kann hier nur die über viele Jahre gewonnene praktische Erfahrung helfen, diese zunächst unüberwindlich anmutenden Hindernisse zu bewältigen. Hier muß die Fähigkeit entwickelt werden, die Konfiguration in Beziehung zum Ganzen zu sehen und die Bedeutung aller beteiligten Faktoren in einer Aussage zusammenzufassen. Viele Fachbücher sind voller abstrakter Theorien über die verschiedenen Konfigurationen (wie das Große Trigon, das T-Quadrat, das Große Kreuz, der Drache etc.); oftmals lassen sie diese komplizierter erscheinen als sie tatsächlich sind. Dabei fällt für gewöhnlich unter den Tisch, daß all diese verschiedenen Faktoren und Details im Zusammenhang mit einer lebenden und für sich allein eine Einheit bildenden Person gesehen werden müssen. Bezüglich der Konfigurationen ist nicht entscheidend, welcher Art diese sind; wir müssen uns zwei Dinge vor Augen führen, die viel wichtiger sind:

1. Anstatt uns auf die Art der Konfiguration zu konzentrieren, die wir betrachten (zum Beispiel das Große Dreieck, das Yod, den Drachen etc.), müssen wir uns in erster Linie die Bedeutung der beteiligten Planeten und die jeweiligen Wechselwirkungen mit den anderen Planeten der Konfiguration klarmachen. Das wird uns helfen, die kombinierten Bedeutungen tatsächlich auf das Leben des betreffenden Menschen zu übertragen. Ungeachtet gegensätzlicher Überzeugungen können alle Konfigurationen produktive und kreative Auswirkungen hervorbringen, weil sie alle einen besonders intensiven Austausch der beteiligten Energien und Prinzipien beinhalten. Was auch noch bedacht werden sollte, ist, daß die Energien der an der Konfiguration beteiligten Zeichen miteinander kombiniert werden müssen.

2. Am wichtigsten ist es festzustellen, ob eine Konfiguration einen der persönlichen Planeten oder den Aszendenten umfaßt, weil dieser Faktor die unmittelbarste Ausdrucksform der Energie der ganzen Konfiguration symbolisiert; für

gewöhnlich enthüllt er eine Seins-Dimension des Menschen, derer sich dieser zumindest zum Teil bewußt ist und die deshalb seine Alltagserfahrungen direkt beeinflußt. Ein Mensch kann sich mit der Bedeutung eines persönlichen Planeten identifizieren; die größere Bewußtheit dem Ausdruck dieser Energie gegenüber kann dazu führen, diese möglicherweise sogar abzuwandeln.

Ich bin gebeten worden, diesem Buch eine einfache Systematik zur Interpretation des Horoskops anzufügen, die dem Anfänger zeigt, wie er vorgehen kann. Zwar läßt sich – wie bereits erwähnt – die synthetische Betrachtung des Horoskops nicht anhand eines Kataloges von Richtlinien erreichen, aber an irgendeiner Stelle muß auf angemessene und möglichst intelligente Weise ein Anfang gesetzt werden. Den beigefügten Umriß habe ich schon in vielen Astrologie-Kursen verwendet.

Eine allzu systematische Vorgehensweise hat natürlich ihre Nachteile. Wer schon mehr von der Astrologie versteht, wird sich unter Vernachlässigung einer strikten Systematik sogleich auf die wesentlichen Themen des Horoskops beziehungsweise des Lebens des betreffenden Menschen einstellen; er wird auf die Fragen antworten, die der Klient stellt und bestimmte Faktoren stark, andere nicht oder kaum betonen. Um dieses Stadium zu erreichen, braucht man aber viel Erfahrung. Wie gerade gesagt: Irgendwo muß in jedem Fall ein Anfang gesetzt werden, und wenn der nachfolgende Umriß als Ausgangsbasis benutzt wird, bleibt der Blick auf die wesentlichen Faktoren des Horoskops gerichtet und dabei die Offenheit für die ganzheitliche und synthetische Betrachtung des Horoskops gewahrt.

Dieser Umriß erwähnt einige Horoskop-Faktoren und Begriffe, die in diesem Buch nicht erklärt worden sind. Sie alle aufzuführen hätte den Rahmen dieses Werkes gesprengt. Diese speziellen Begriffe sind aber schnell in einem astrologischen Lexikon oder in den meisten Fachbüchern nachzulesen.

Umriß für die Horoskop-Interpretation

1. Das Horoskop als Ganzes

Kommt es bezüglich der Stellung der Planeten zu signifikant starken oder schwachen Besetzungen?

A. *Die Zeichen der Planeten*
1. im Hinblick auf das Element (Feuer, Erde, Luft und Wasser)
2. im Hinblick auf die Qualität (kardinal, fest und veränderlich)

B. *Die Häuser der Planeten*
1. Eckhaus, fixes oder veränderliches Haus
2. Feuer-, Erd-, Luft- und Wasser-Häuser

Versuche die Struktur des Horoskops zu erkennen; setze deine Intuition ein, um das Horoskop als ein Diagramm von Energiemustern zu sehen. Widme jeder Häufung von Planeten (einem «Stellium»), welche bestimmte Zeichen und Häuser hervorhebt, besondere Aufmerksamkeit.

2. Die wichtigsten Komponenten des Horoskops

Stelle die Hauptthemen fest, indem du das astrologische Alphabet anwendest. Untersuche jede Färbung, die in besonderer Weise hervorsticht.

Achte auf außergewöhnliche Aspektmuster und Konfigurationen (Großes Trigon, T-Quadrat, jedes Stellium, mehrfache Aspekte zwischen einer Reihe von Planeten zwischen zwei Zeichen etc.).

3. Die «Lichter» Sonne und Mond

Passen die Elemente von Sonne und Mond zueinander?

A. *Sonne*
  1. Zeichen
  2. Haus
  3. der/die engste(n) Aspekt(e)

B. *Mond*
  1. Zeichen
  2. Haus
  3. der/die engste(n) Aspekt(e)

4. Aszendent und Himmelsmitte
(Bedingung: genaue Geburtszeit)

Achte auf jede Konjunktion zum Aszendenten oder zum MC; diese Planeten wirken ausnahmslos kraftvoll und mit verstärkter Intensität.

A. *Der Aszendent*
1. Besteht bezüglich des Elementes und Zeichens Verträglichkeit mit der Sonne?
2. der/die engste(n) Aspekt(e)
3. Stellung des Aszendenten-Herrschers in Haus und Zeichen sowie dessen engsten Aspekte

B. *Das Medium Coeli*
1. Zeichen
2. der/die engste(n) Aspekt(e)
3. Stellung des Herrschers in Haus und Zeichen

5. Traditionelle Techniken zur Bewertung der Planeten

Planeten können im Hinblick auf ihr Zeichen schwach oder stark stehen (Planeten in «Würde», im «Fall», «erhöht» oder «vernichtet»).

Planeten können bezüglich ihrer Haus-Stellung schwach oder stark stehen (wenn ein Planet in seinem eigenen Haus steht – das heißt, in dem Haus, das ihm im astrologischen Alphabet entspricht – ist er beispielsweise besonders stark).

Achte auf den Herrscher des Sonnenzeichens, sein Haus, sein Zeichen und seine Aspekte.

6. Schlüsselfaktoren im Horoskop

Achte auf das engste Quadrat oder die genaueste Opposition, an dem oder der einer der persönlichen Planeten beteiligt ist. Hier besteht ein Hinweis auf die grundlegende Lebensaufgabe; hier wird deutlich, wo der Mensch Anstrengungen zeigen muß und möglicherweise ein neues Bewußtsein erreichen kann.

Achte auf alle Konjunktionen mit persönlichen Planeten sowie auf andere enge Aspekte mit persönlichen Planeten und die zugehörigen Zeichen und Häuser.

Jeder Planet im 1. Haus ist ungemein machtvoll; je näher er am Aszendenten steht, desto mächtiger tritt er in Erscheinung (letzteres gilt auch, wenn die Konjunktion aus dem 12. Haus heraus gebildet wird).

Die Hausposition Saturns ist immer wichtig.

Anmerkungen

1. Max Planck *»Wissenschaftliche Autobiographie«* von D. Hull, P. Tessner und A. Diamond, Leipzig 1928, S.22

2. Wiliam Blake: *»The Marriage of Heaven and Hell«*

3 Zitat aus: Dane Rudhyar: *»Astrologie und Psyche«*. Mössingen 1990, S.268/69. (Chiron Verlag. Postfach 1131, 7406 Mössingen).

4 Zum Verhältnis von Astrologie und Wissenschaft siehe auch *»Astrologische Psychologie in der Praxis«* vom gleichen Verfasser (veröffentlicht im Verlag Hier & Jetzt, Hamburg 1988). Dort wird – unter anderem – ausführlich erörtert, wie Wissenschaft zu definieren ist und wie weit die Astrologie wissenschaftlichen Kriterien gerecht wird.

5 *»Astrology: Potential Science & Intuitive Art«*. Erschienen im »Journal of Astrological Studies«, 1970.

6 Ausführliche Informationen über die Bedeutung der Elemente finden sich in *»Astrologie, Psychologie und die vier Elemente«,* München 1983 (Hugendubel Verlag). Kapitel 11 beschäftigt sich mit der Sonne, Kapitel 14 mit den Planeten in den Elementen.

7 Ausführlichere Informationen hierzu finden sich in dem Buch von Stephen Arroyo und Liz Greene: *»Saturn und Jupiter. Neue Aspekte astrologischer Praxis«*, München 1986 (Hugendubel Verlag).

8 Die Psychologin Dr. Zipporah Dobyns hat wohl als erste das Konzept des «astrologischen Alphabets mit den zwölf Buchstaben» veröffentlicht. Ich fand dieses in sich stimmige und eine Einheit bildende Konzept im Hinblick auf die Vereinfachung der Horoskop-Interpretation und insbesondere hinsichtlich der Horoskop-Synthese in meinen Kursen äußerst hilfreich.

Liste aller Bücher von Stephen Arroyo

Im vorliegenden Werk wird immer wieder auf die übrigen Bücher des Autors Bezug genommen. Wir fügen daher eine Auflistung aller bisher erschienenen Titel an:

Astrologische Psychologie in der Praxis
Die Wiederherstellung unserer verlorenen Beziehung zum Kosmos
(nähere Informationen nächste Seite)

220 Seiten, broschiert, Verlag Hier & Jetzt, Hamburg 1988
ISBN 3-926925-00-0

Astrologie, Karma und Transformation
Die Chancen schwieriger Aspekte

335 Seiten, gebunden, Hugendubel Verlag, München 1980
ISBN 3-88034-056-0

Astrologie, Psychologie und die vier Elemente

217 Seiten, broschiert, Hugendubel Verlag, München 1982
ISBN 3-880034-118-4

Dieser Titel ist inzwischen als Taschenbuch im Rowohlt Verlag in der Reihe Transformation erschienen.

Rowohlt Taschenbuch Verlag, Reinbek bei Hamburg, 1990
ISBN 3-499-18579-2

Astrologie und Partnerschaft

250 Seiten, broschiert, Hugendubel Verlag, München 1983
ISBN 3-88034-204-0

Auch diesen Titel gibt es inzwischen als Taschenbuch.

Heyne Verlag, München 19??
ISBN 3-453-04527-0

Saturn und Jupiter (Co-Autorin Liz Greene)
Neue Aspekte astrologischer Praxis

256 Seiten, broschiert, Hugendubel Verlag, München 1986
ISBN 3-88034-302-0

Stephen Arroyo

Astrologische Psychologie in der Praxis

Die Wiederherstellung unserer verlorenen Beziehung zum Kosmos

»Der Astrologie ist die uneingeschränkte Anerkennung durch die Psychologie gewiß, weil die Astrologie die Summation des gesamten altertümlichen Wissens repräsentiert.«

C. G. Jung

Vor dem Erscheinen der »Astrologischen Psychologie« gab es im deutschsprachigen Raum kein Buch, das sich speziell an den beratenden Astrologen richtete.

Arroyo beschäftigt sich, manchmal provozierend und kontrovers, mit allen wichtigen philosophischen, wissenschaftlichen, ethischen, sozialen und berufsbezogenen Fragen, die im Zusammenhang mit der astrologischen Beratung auftauchen. Zusätzlich bietet er wichtige Hinweise zum Aufbau einer professionellen astrologischen Praxis.

Ein unentbehrliches Buch für alle, die mit astrologischer Beratung arbeiten.

220 Seiten, br. DM 29,80
ISBN 3-926925-0-00